总顾问：王明哲

总主编：张　量

历史不能忘记系列⑮

文化抗战

霍丹琳◎著

中国民主法制出版社

2015年·北京

图书在版编目（CIP）数据

文化抗战/霍丹琳著 . —北京：中国民主法制出版社，2015.7（2020.7重印）

（历史不能忘记系列）

ISBN 978-7-5162-0940-0

Ⅰ. ①文…　Ⅱ. ①霍…　Ⅲ. ①抗日战争史—中国—青少年读物　Ⅳ. ①K265. 09

中国版本图书馆 CIP 数据核字（2015）第 180304 号

历史不能忘记系列
张量　主编
图书出品人：刘海涛
出 版 统 筹：赵卜慧
责 任 编 辑：吕发成　胡百涛　陈棣芳

书名/文化抗战
作者/霍丹琳　著

出版 · 发行/中国民主法制出版社
地址/北京市丰台区玉林里 7 号（100069）
电话/63055259（总编室）　63057714（发行部）
传真/63056975　63056983
http://www. npcpub. com
E-mail:mzfz@npcpub. com
经销/新华书店
开本/32 开　880 毫米 ×1230 毫米
印张/5. 75　**字数**/115 千字
版本/2015 年 7 月第 1 版　2020 年 7 月第 3 次印刷
印刷/三河市人民印务有限公司

书号/ISBN 978-7-5162-0940-0
定价/18. 00 元

修订版序

中国出版集团旗下中国民主法制出版社，将在中国人民抗日战争暨世界反法西斯战争胜利70周年之际，修订再版“历史不能忘记”系列丛书，我感到非常高兴。当年我参加组织编写了这套丛书，得到了社会的认可。在老一辈无产阶级革命家杨成武同志为第一版作序后，由我为再版作序。虽然水平有限，然出版社坚持，也只好尽力而为了。

1993年以后，日本国内的右翼势力开始猖獗，日本政局也开始出现右倾化的动向，不时上演参拜靖国神社、篡改历史教科书、否定南京大屠杀，为日本侵华战争涂脂抹粉，企图推卸战争责任的闹剧。前事不忘，后事之师。要让中国人民和世界人民永远牢记这段历史，尤其要让青少年从小就了解、记住这段历史。在我国国内，虽然抗日战争方面的图书资料很多，却难见一套比较系统地对青少年进行抗日战争方面的爱国主义教育的丛书。1998年初，中国民主法制出版社的编辑赵卜慧等同志策划了“历史不能忘记”系列丛书。受出版社邀请，我组织时任中国社会科学院近代史研究所所长、《抗日战争研究》杂志主编、中国抗日战争史学会副会长张海鹏，中国第二历史档案馆馆长、中国抗日战争史学会理事周忠信，中国人民大学中共党史系主任、博士生导师陈明显，中国人民抗日战争纪念馆编研部主任、中国抗日战争史学会常务理事、研究员张量和中国人民解放军军事医学科学院研究员、细菌学专家郭成周以及对抗日战争史有深入研究的专家学者，精心编写了这套丛书。这套丛书收录了大量的史料和图片，有些是首次公之于众的，揭露了日本侵略中国所犯下的滔天罪行，如南京大屠杀、日军细菌部队罪行等；讴歌了中国人民浴血奋战，与日本侵略者血战到底的气壮山河、可歌可泣的民族精神，如八一三淞沪会战、台儿庄战役、百团大战等。该丛书第一版推出12本，于1999年9月出版。丛书出版后在读者中引起了很好的反响，当年就名列共青团中央“中国新世纪读书计划第7期新书推荐榜”，并被列为上海市中小学生图书馆必备书目，荣获第9届上海市中小学生优秀课外读物三等奖。

近几年，日本政府在右倾化的道路上越走越远，尤其是安倍上台以后，不但矢口否认历史，而且否认对侵略历史表示歉意的“村山谈话”，挑起诸多事端，解禁集体自卫权，对外出售武器，动摇日本战后和平宪法的根基，加快日本军国主义的复活，引起世界各国尤其是曾经遭受日本军国主义铁蹄蹂躏的亚洲邻国的高度警惕。

为了铭记历史、缅怀先烈、珍视和平、警示未来，2014年2月27日，全国人大常委会通过了《全国人民代表大会常务委员会关于确定中国人民抗日战争胜利纪念日的决定》，以法律的形式，将每年9月3日确定为中国人民抗日战争胜利纪念日；2014年4月10日，又通过了《全国人民代表大会常务委员会关于设立南京大屠杀死难者国家公祭日的决定》。今年是中国人民抗日战争暨世界反法西斯战争胜利70周年，我国将在纪念日举行空前盛大的阅兵活动，向世界宣示中国维持战后世界秩序的坚定决心。

在此之际，修订再版“历史不能忘记”系列丛书，充分体现了中国民主法制出版社的担当意识和责任精神。丛书站在新的历史方位，挖掘和整理最新史学研究成果和文献资料，由初版12册增加到22册，内容更加丰富，事实更加清晰，范围更加广阔，尤其是把儿童抗战、文化抗战、台湾抗战、空军抗战、海军抗战等鲜为人知的抗战史料呈现在读者面前。不难看出策划者把这套丛书作为精品工程精心来打造的良苦用心。

2014年7月7日，习近平总书记在纪念全民族抗战爆发77周年仪式上指出，历史是最好的教科书，也是最好的清醒剂。中国人民对战争带来的苦难有着刻骨铭心的记忆，对和平有着孜孜不倦的追求。中国的抗日战场，是世界反法西斯战争的东方主战场，中国抗日战争的胜利，为世界反法西斯战争作出了积极贡献。中国抗日战争的胜利，是中国近代以来第一次取得的反对外来侵略的彻底胜利，一雪百年屈辱历史，它是中华民族由衰败走向振兴的重大转折。

实现民族复兴的中国梦，是每一位中华儿女共同的历史使命。中华民族的伟大复兴、美丽中国梦的实现，许多道理需要让历史告诉未来。中国人民会铭记这段历史，以史为鉴，时刻保持清醒头脑，警惕日本军国主义的死灰复燃，牢记“落后就要挨打，就要受人欺负”的教训，紧密地团结在以习近平为总书记的党中央周围，发奋图强，努力学习和工作，把我们的国家建设得日益繁荣富强，为早日实现中华民族伟大复兴的中国梦而努力奋斗。

中央档案馆原馆长

中国档案学会原理事长

中国抗日战争史学会原副秘书长　王明哲

2015年5月

第一版序

抗日战争，这是个历史性和现实性都很强的话题。

说它具有很强的历史性，那是因为，这场战争的爆发距今毕竟已有62年。时至今日，战争的硝烟早已散尽，在和平共处五项原则的基础上，中日两国正面向未来，致力于建设和平与发展的友好合作伙伴关系。至于有关反映抗日战争的文章和书籍，60多年来则更是难计其数。

说它具有很强的现实性，则是由于：其一，抗日战争毕竟是自1840年鸦片战争以来，帝国主义列强发动的历次侵华战争中最残酷的一场战争，也是中国人民反抗外来侵略最坚决并最终取得全面胜利的一场战争。这场惨绝人寰的侵略战争造成了3500万中国人的伤亡，造成了1000亿美元的直接财产损失，使千百万中国人流离失所。这么一场空前的民族大灾难，无论如何不应该也无法从人们的记忆中抹去。其二，抗日战争虽然早已结束，但它给我们留下许多血的教训：得道多助、失道寡助。尽管有一时的强弱之别，然而玩火者必自焚，正义终将战胜邪恶；贫穷、落后就要挨打，就会受人欺辱，只有国家富足强盛，才能人民安居乐业……所有这些，都将犹如警钟长鸣，时时警示着世人。其三，人总是要有点精神的。中华儿女在这场民族灾难中所表现出来的浴血奋战、不怕牺牲的抗战精神，作为一种极其宝贵的精神财富，无论时间再久远，都将永久地熠熠生辉、光芒四射。在和平的年代里，在社会经济建设中，我们仍然需要弘扬这种宝贵的民族精神。其四，随着时间的推移，抗日战争渐渐成为历史，年青的一代只能从历史书籍、从教科书中去了解这场战争的真相了。也正因为如此，在日本，总有那么一些人不时地挑起事端，他们或在教科书问题上大做文章，或在日军侵华史实上黑白颠倒，企图篡改历史，误导后人。历史霎时间似乎成了一个任人打扮的小女孩。为此，要不要把这场战争的本来面貌告诉世人特别是年青的一代，显然成了摆在每一个史学工作者面前的现实问题。

有鉴于此，中国民主法制出版社约请了长期从事抗日战争问题研究、占有大量客观资料的专家学者，历时数载，撰写了这套“历史不能忘记”丛书。丛书本着对历史负责，对后人负责的态度，严格尊重史实，凭借事实说话，分《以史为鉴　面向未来》《九一八事变》《七七卢沟桥事变》《八一三淞沪会战》《平型关战役》《台儿庄战役》《南京大屠杀》《百团大战》《日军细菌战》《中国空军抗战》《中国海军抗战》《中国抗日远征军》

《抗日英烈民族魂》《华侨支援祖国抗战纪实》《国际友人与抗日战争》《华北抗日》《华东抗日》《华南抗日》《抗战中的延安》共19个分册，全方位多角度、系统客观地披露和介绍了抗日战争的爆发背景以及发动经过、侵华日军在战争中所犯下的滔天罪行、中国军民抗击侵略者的著名战役、献身于抗战的民族英烈等。其中，一些材料和观点尚属首次公开发表。

日本的一位首相曾经说过："我们无论怎样健忘，也不能忘记历史。我们可以学习历史，但不能改变历史。"作为一种民族灾难，抗日战争过后的今天，无论是挑起这场战争的加害国还是遭受侵略的被害国，惟有正视史实，以史为鉴，才能更好地面向未来，防止悲剧再度发生。而再现历史真相又是问题的逻辑前提。我想，这恐怕正是撰写和出版这套丛书的目的所在吧。

作为抗日战争的亲身经历者，我愿意把这套丛书推荐给需要了解和应当了解这段历史的人们。

杨成武

1999年4月4日

前 言

中国人民抗日战争是在中国共产党倡导的抗日民族统一战线的旗帜下，以国共合作为基础，各族人民团结起来进行的一场伟大的民族解放战争。在这场战争中，工人、农民、学生、知识分子以及台港澳同胞、海外华人华侨同仇敌忾，筑成抗日民族统一战线来抵抗日寇的侵略，他们的爱国激情汹涌澎湃。

1931 年九一八事变爆发后，日军用了仅仅四个月时间就占领了东北三省，3000 万同胞饱受沦为亡国奴的痛苦滋味。九一八事变的爆发，激起了全中国人民的斗志，各地人民纷纷要求抗日。在中国共产党的领导和影响下，东北人民率先举起了抗日的旗帜，开展灵活巧妙的游击战法，先后涌现出东北义勇军等各种抗日武装。当时，置身于抗日战争洪流的广大文化工作者也挺身而出，以各种形式谴责日本侵略者的罪行。他们以创作、演出等形式呼吁全民总动员，同时也热情歌颂了抗战将士的爱国奉献精神，抗日文化运动达到了前所未有的高涨。

抗战开始后，文学工作者纷纷活跃起来。诗歌、小说、散文、报告文学等各种体裁的文学作品大量涌现。

不少作家投身抗战洪流后，写下了他们在创造历程中最坚实的代表作。广大文学工作者在颠沛流离的环境中，冒着生命的危险写下了许多反映战时人民生活，战场上将士浴血奋战的篇章，他们积极投身到民族解放的洪流中，创作出的作品不论从题材、内容还是形式上都和之前发生了显著的变化。

在宣传抗日、弘扬民族精神这方面，抗战戏剧也作出了重要的贡献，呈现出一派繁荣的景象。七七事变后，在上海上百人参与演出的大型话剧《保卫卢沟桥》，场面宏大，气势昂扬，传达了人民誓死抗敌的心声，显示了中华民族不屈不挠的意志。上海沦陷后，戏剧界人士迅速组成了13个抗日救亡演剧队，除少数几个留沪坚持对敌斗争外，多数都奔赴祖国各地宣传抗日，创造了许多短小而通俗的演剧形式，使得戏剧同广大民众结合在一起。抗战戏剧通过反映战争现实，改编历史剧，或改革旧剧的方法来最大程度地发挥它的宣传效力，在众多抗战文艺形式中，脱颖而出，发挥了自身的优势。

伴随着抗日救亡运动的开展，广大进步音乐工作者也创作了大批救亡歌曲，群众性的救亡歌咏活动也纷纷开展起来。抗战歌曲以不同角度、不同创作手法、不同歌曲体裁唤起了中国人民对侵略者的仇恨。其中，一些优秀的作品以其独特的方式唤醒了中国人民，并成为激励中华民族英勇抗战的精神力量。如田汉作词、聂耳谱曲的《义勇军进行曲》，由麦新创作献给二十九军大刀队的《大刀进行曲》，贺绿汀所作的《游击队之歌》，冼星海创作的《黄河大合唱》等作品都是出自抗战时期。随着抗战歌曲的大量涌现，许多歌咏团体也纷纷成立，用歌声来唤醒人民抗战的热情。无论是前线还是后方，抗战歌曲到处传唱，以音乐独有的形式抒发人民的心声。

抗战爆发后，北平、上海等地沦陷，中国出版事业损失重大，出版业被彻底地遏制下来。随着战争时局的变化和战火的蔓延，出版业经历着一次次浩劫。但出版业的工作者不为艰难所屈服，他们想尽一切办法配合各种文化事业，对抗战作出难能可贵的贡献。在国难当头的危亡时刻，出版业的内迁，保证了战时广大人民群众抗战精神食粮的供应，对宣传抗日并最终战胜日本帝国主义，发挥了不可估量的推动作用。

随着文化界各种抗日救亡活动的开展，各种文化团体的建立，抗日文化活动蓬勃发展。规模之大、范围之广、历时之长，都超过了历史上任何时期的文化运动。

目　录

救亡图存的呐喊——抗战歌曲

每一个不平凡的年代都有无愧于那个时代的音乐作品。在抗日战争期间，广大的音乐工作者本着抗日救国的责任感，创造了大量优秀的音乐作品。从这些优秀的作品中，我们似乎看到了那些曾经战斗在烽火年代的一大批卓有成就的音乐工作者，在险恶的环境中披荆斩棘、开拓前进，以勇敢的笔触谱写了时代的战歌，激励了人民的斗志，召唤了千百万不愿做奴隶的人们汇聚到民族解放的洪流中。这些优秀的音乐作品遵循大众化、民族化、时代化原则而创作，不仅在抗日战争时期对社会产生了重大的影响，成为鼓舞人民群众英勇抗战的精神武器，而且对以后的中国音乐发展产生了深远的影响。在即将迎来中国人民抗日战争胜利 70 周年的日子里，我们不由得会想起那些曾经激励中国人民奋起抗战的一首首历史歌曲。

20 世纪 30 年代正值我国专业音乐教育和音乐创作的蓬勃发展时期，但日本法西斯的侵略行径，激起了中国人民的抗日怒潮。从“一年年的国土沦丧”到“我们是要选择‘战’还是‘降’?”“挽救民族危亡”的口号成了当时音乐创作的时代主题。音乐工作者的爱国良知被唤醒了，激励着他们从不同角度、不同侧面去反映中华民族不愿做亡国奴的呼声。他们以其凄惨、悲壮、激昂的音调唤起了全国民众对侵略者的仇恨，激励着中华民族抗日救亡的精神。

◎《抗敌歌》与《游击队之歌》

九一八事变后，随着日本军国主义侵略势力步步深入，民族危亡迫在眉睫。面对山河破碎，国土沦丧，供职于国立上海音乐专科学校的著名作曲家和音乐教育家黄自，满怀激情，创作了大量的抗日作品。这些作品表现了他的爱国思想与热情，深深地鼓舞了中华儿女的抗日斗志，被广大劳动人民广泛传唱，其中比较具有代表性的有《抗敌歌》、《旗正飘飘》、《九一八》和《热血歌》等。

《抗敌歌》是抗战史上最早以抗日救亡为题材的合唱作品。在歌词的开头用了“中华锦绣江山，谁是主人翁，我们四万万同胞”来呼唤民众抗敌意识的觉醒。抗战全面爆发后，黄自创作了《热血歌》（吴宗海词），发出了“四万万同胞啊，洒着你的热血去除强暴”，“拼着你的热血去争光荣”的呼声。黄自曾满怀激情地说：“现在我写抗敌歌曲，希望不久再能写庆祝抗战胜利的歌曲。”不幸的是，《热血歌》竟成其绝唱。1938 年，爱国抗战歌咏活动的倡导者黄自英年早逝，未能亲眼看到抗战的胜利。但从《抗敌歌》到《热血歌》却生动地体现了爱国主义音乐家黄自的创作与祖国、民族生死存亡的命运休戚与共、息息相关。

传承黄自抗战情怀的著名音乐人是贺绿汀。贺绿汀说：“黄自比我小一岁，可是他是我的老师。”黄自和贺绿汀的师生关系形成于 20 世纪 30 年代上半叶，当时我国音乐界正处于各种思潮、学说、风格流派的论辩中，黄自与贺绿汀相继崛起乐坛，一方面恪守共同的美学原则，形成近似的风格特点，另一方面又随时代发展和个人经历的不同，演化出相异。

贺绿汀的歌曲在抗日战争期间流传海内外，至今仍是音乐会和歌咏活动中的传唱曲目，如《垦春泥》《嘉陵江上》《游击队之歌》。

▲黄自

▲1934 年贺绿汀在上海

《游击队之歌》（贺绿汀词曲）是他于 1937 年随上海救亡演剧一队巡回演出途中，通过对我军游击战略的感受和理解写出的经典之作。1938 年，这首歌在山西洪洞县八路军高级将领会议上献给了八路军全体将士，受到了朱德、刘伯承、贺龙、任弼时等人的一致赞扬，并从此在全国军民中得到广泛的流传。这首经典之作不仅使广大军民在艺术愉悦中得到激励和鼓舞，还成为专业及业余文艺团体重唱、合唱水平得以提高的最好教材之一。

◎《义勇军进行曲》与《黄河大合唱》

当中华民族面临内外交困，中国人民备受凌辱和压迫的时候，聂耳发起了“新兴音乐运动”，他用音乐所传达的激情鼓舞人民直面压迫，奋起反抗，激励中华民族与黑暗势力斗争到底的决心。1931 年的九一八事变后，在严峻的民族危机面前，以反映劳苦大众现实生活的“左翼”音乐运动在“左联”等文化组织的影响下，以崭新的面貌出现在中国音乐舞台上。“左翼”音乐运动的参与者才华横溢，又精力充沛，大多出身于社会底层，了解民间疾苦，具有更为强烈的救亡意愿，聂耳就是这一批音乐家中的杰出代表。他为电影《风云儿女》创作的主题歌《义勇军进行曲》（田汉词），以号召性的激越形象与散文诗长短相间的句法相交融，表现了万众一心、前仆后继的不屈精神。这首作品不仅在 20 世纪 40 年代就因美国黑人歌唱家保罗 · 罗伯逊的演唱而蜚声世界，而且作为《中华人民共和国国歌》已经成了中华民族不屈精神的象征。

▲聂耳（左）和田汉合影

▲聂耳《义勇军进行曲》的创作手稿影印

▲聂耳在演奏小提琴

作为无产阶级音乐家的聂耳，音乐是他忠于祖国人民锋利的武器，但不幸的是，聂耳仅仅走过 23 个春秋，英年早逝。聂耳一生共创作 37 首乐曲，其中反映劳动人民生活和斗争的歌曲占有很大比重。除《义勇军进行曲》外，聂耳的代表作品还有《毕业歌》《前进歌》《大路歌》《开路先锋》《码头工人歌》《新女性》《飞花歌》《塞外村女》《铁蹄下的歌女》《告别南洋》《梅娘曲》《卖报歌》，歌剧《扬子江暴风雨》及民族器乐曲《翠湖春晓》《金蛇狂舞》等。聂耳的生命是短暂的，却也是光辉的。作为新一代音乐的开创者与领导者，聂耳倾其一生为了革命事业而努力，他艰苦卓绝地学习，不断提升自己的音乐造诣，探索着眼于未来而落实于人民群众的新型风格。他的自由洒脱正是劳动人民内心的真实写照，他的付出奠定了他日后在中国现代史上坚实的地位，他音乐中颂扬的出发点和回归点都是出于心系国家心念人民的高尚情怀。

伟大的人民音乐家冼星海充分肯定聂耳等人所开创的革命音乐道路的重要意义，一直继承并发展救亡音乐的道路，创造了一系列内容丰富，具有强烈的时代精神、感人的民族风格和富有独创性的音乐作品，其艺术特色非常鲜明，在人民群众中产生了广泛而久远的影响，对我国民族音乐的发展和抗日战争的胜利作出了历史贡献。

1937 年，八一三淞沪抗战后，冼星海参加了上海话剧界救亡协会战时移动演剧第二队，到苏州、南京、洛阳等地进行救亡文艺宣传工作，最后来到当时的抗日救亡文艺宣传工作中心武汉。在武汉，他与张曙等组织起几十个歌咏队，举办了许多歌咏大会，组织歌咏大游行，深入学校、农村、厂矿、部队去推广、辅导群众歌咏，有力地推动了当时的救亡歌咏运动。

▲1937 年 12 月 25 日，全国歌咏协会筹备委员会成立纪念留影，第三排左一为冼星海。

1938年11月，冼星海到达延安。没过几天，日本飞机突然来轰炸，他刚走出房门，炸弹就从天上掉了下来，他赶忙卧倒，炸弹便在他面前炸响。他幸运地躲过了这次劫难，亲身感受到了日寇的残暴，这也为他日后的音乐创作提供了真实的感受。

▲冼星海夫妇

当时延安的音乐教学设施和条件很差，仅有的一架钢琴，后来被日本飞机给炸了，少数几把小提琴还是个人带来的，其他就是一些民族乐器。在音乐创作资源紧缺的条件下，抗日根据地人民的思想风貌、斗争意志，丰富的民间音乐素材，激发起冼星海高涨的创作热情。在延安，冼星海创作了《黄河大合唱》《生产大合唱》《九一八大合唱》等大型声乐套曲，还创作了《反攻》等歌曲，在全国产生了巨大影响。

《黄河大合唱》是冼星海最杰出的代表作。他很早就有一个宏愿：用音乐表现中华民族的苦难、挣扎和奋斗，对自由幸福的追求和最终取得胜利的信心。《黄河大合唱》的诞生，正是作曲家孕育已久的，表述并发挥创作灵感的必然结果。

1938 年 10 月，诗人光未然首次乘木船渡过黄河，奔赴山西吕梁山抗日根据地。当他见到黄河的惊涛骇浪，壶口瀑布的壮观景象，不禁被这大自然的奇观惊呆了。万山丛中游击健儿的抗敌英姿，更强烈地震撼着诗人的心弦。在这些震撼的感召下，1939 年初，诗人开始酝酿创作一部长篇朗诵诗。不久，光未然因行军时不慎摔伤，回延安住院治疗。冼星海与他在上海时就认识，得知消息后前去看望。见面后光未然谈起创作朗诵诗的构想，冼星海听后十分兴奋，希望光未然把它写成歌词。诗人和作曲家的创作热情被紧密地联系在了一起，光未然再也按捺不住创作的冲动，躺在病床上，一连五天口述了 400 多行诗句，经人协助笔录，终于完成了《黄河吟》，这也就是后来《黄河大合唱》的歌词。

1939 年春的一天，抗敌演剧队第三队在延安的一个宽大的窑洞里举行晚会，光未然和冼星海都应邀参加。光未然带病一气呵成地朗诵了自己的这部新作。冼星海听完朗诵后，一把将诗稿抓在手里，激动不已地说："这是一部中华民族的史诗。我要把它写成一部代表中华民族伟大气魄的大合唱。这将是中国第一部新形式的大合唱，我有把握把它谱好！我一定及时为你们赶出来！"冼星海于 3 月 26 日开始了大合唱的创作，到 3 月 31 日，《黄河大合唱》的八首歌曲就完成了，仅用了六天时间！这虽然还只是歌曲旋律的初稿，但已为这部巨作的成功奠定了坚实的基础。

《黄河大合唱》创作完成后，在冼星海的帮助和辅导下，经过十余天的排练，于 1939 年 4 月 13 日首演，由抗敌演剧队第三队演唱，邬析零指挥。紧接着，从 4 月 25 日起，冼星海又连续十次亲自指挥"鲁艺"的学员排练《黄河大合唱》。合唱队员从开始的 60 多人，陆续增加到 100 多人。1939 年 5 月

11 日，在庆祝“鲁迅艺术学院一周年纪念音乐晚会”上，冼星海指挥 100 余人的鲁艺合唱团，成功地演出了《黄河大合唱》。演出结束后，毛泽东等领导人都站起来热烈鼓掌，激动地连声说“好”。同年 7 月 8 日，周恩来也观看了《黄河大合唱》的演出，并亲笔给冼星海题词：“为抗战发出怒吼！为大众谱出呼声！”以后，延安凡遇到重大的晚会，《黄河大合唱》都是主要节目。

▲《黄河大合唱》首演排练

《黄河大合唱》以其高度完美统一的艺术性和思想性，不仅受到延安军民广泛的赞扬和欢迎，并迅速传播到包括国统区在内的各个战区，进而蜚声海外。1940 年，刘良模把《黄河大合唱》的乐谱带到了美国，1943 年普林斯顿大学合唱团用英文首次在美国演唱。从此，《黄河大合唱》逐渐在美国、加拿大、缅甸、印度、新加坡、马来西亚等国家和地区广泛传唱，成为中国最早在国际上产生较大影响的音乐作品。直到今天，《黄河大合唱》以及据其改编的钢琴协奏曲《黄河》，仍是国内外音乐舞台上最受欢迎的曲目之一。

《黄河大合唱》的问世，对抗日民族解放斗争起到了巨大的鼓舞作用。郭沫若在《黄河大合唱》的序中写道：“《黄河大合唱》是抗战中所产生的最成功的一个新型歌曲。音节的雄壮而多变化，使原有富于情感的词句，就像风暴中的浪涛一样，震撼人的心魄。”

冼星海开创了表现我国人民革命斗争并具有民族特点的大合唱形式，具有强烈的民族性及时代性，特别是《黄河大合唱》等不朽名作，在抗日战争时期，大大激发和鼓舞了中国人民抗敌御侮的士气和斗志，为夺取抗日战争的胜利，发挥了重要的作用。他的音乐至今仍有着旺盛的生命力，对振奋民族精神，具有积极的意义。

◎《大刀进行曲》与《八路军进行曲》

在中国抗战歌曲的经典之作中，还有一首传唱至今的优秀作品，这就是麦新作词作曲，记载了抗战光荣历史的《大刀进行曲》。

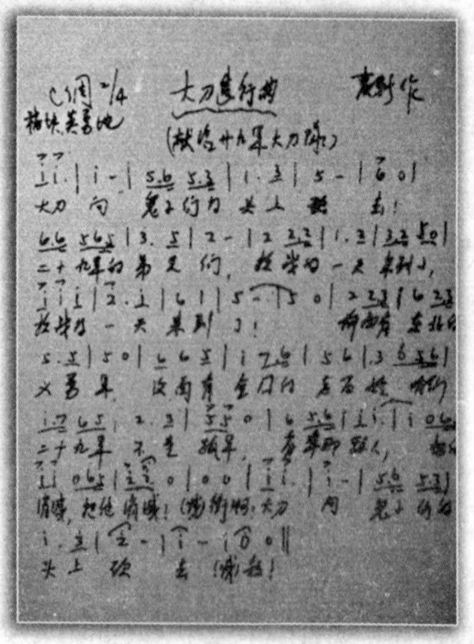

▲《大刀进行曲》手稿

早在1933年3月，宋哲元率领的第二十九军“大刀队”就在喜峰口与日军展开白刃格斗。那时，二十九军武器装备低劣，粮饷不足，但官兵的爱国热忱高涨。军长宋哲元提出建立大刀队，自造大刀。负责训练的副军长佟麟阁，亲临北平聘请具有爱国思想的武术名家李尧臣当教练。李尧臣为二十九军编了一套实战性强，可作刀劈，可当剑刺的刀法。在长城喜峰口阵地，这支大刀队在苦战两天后，夜袭日寇驻地。当时的旅长赵登禹身先士卒，鬼子在睡梦中被砍头、剁腹，被手榴弹炸死，我军大获全胜，给了武器精良的敌寇最沉重的打击，取得了九一八后中国军队抗日的首次胜利，二十九军也成为闻名中外的“抗日英雄部队”。日本鬼子称，那是九一八侵华以来，“前所未有的耻辱”。大刀队的胜利，鼓舞了全国军民的抗日热情，也鼓舞了年仅 23 岁的作曲家麦新，1937 年一气呵成谱写了《大刀进行曲》的词曲。这首歌曲以威风凛凛的抗战将士的身姿描绘为开端，表现了中国人民威武不屈的斗争精神，并与卢沟桥一起成为了抗战全面爆发的标志。

大刀队誓死保卫家国，何等壮烈。一首英勇激昂的《大刀进行曲》唱出了不愿做奴隶的中国人消灭敌人的心声。麦新为抗战文化运动写下了不朽的一笔。那时，几乎没有人不知道《大刀进行曲》的，尤其是那句歌词“冲啊！大刀向鬼子们的头上砍去！杀！”真是妇孺皆知。

《大刀进行曲》创作于民族危亡的紧要关头，是一首诞生在中华民族奋起抗击日本侵略者炮火声中的时代战歌，麦新的创作，激发了中华儿女的爱国豪情。从此，成千上万的有志青年唱着这支歌参军入伍，走向抗日前线。上海沦陷后，手无寸铁的学生面对日本宪兵，高唱“大刀向鬼子们的头上砍去”，走向街头发起募捐，为前方将士赶制大刀。在台儿庄，中国军队与日军展开血战，硝烟弥漫的战场上不时传来《大刀进行曲》的雄壮歌声。这首歌不仅伴随了八年抗日战争，而且奠定了抗日歌曲特有的凝聚苦难与力量的雄浑风格。它与《黄河大合唱》《义勇军进行曲》等抗战名曲一起，成为了最典型的时代强音和民族精神的象征。

在一批优秀抗战歌曲诞生的同时，大批的青年知识分子和艺术工作者加入了八路军和新四军。抗日军政大学、延安部队艺术学校、延安鲁迅艺术文学院部队干部班也培养出许多音乐专门人才，使我军拥有了一支数量可观的专业创作队伍。他们在毛主席《在延安文艺座谈会上的讲话》的精神和“为兵服务”口号的鼓舞下，深入战争最前线，创作出许多流传于抗日民主根据地的作品。

在这些题材广泛的作品中，有歌颂和拥戴我党我军及其领袖人物的优秀歌曲，如《跟着共产党走》《没有共产党就没有新中国》，合唱《东方红》《朱德将军》等；宣扬我军宗旨、展现我军雄姿的《抗日军政大学校歌》《八路军军歌》《新四军军歌》《炮兵进行曲》《我们的铁骑兵》等；反映我军征战生活的《露营之歌》《行军小唱》《反扫荡》《进军曲》等。

其中，《八路军进行曲》（公木词、郑律成曲）是《八路军大合唱》中最著名的一首。歌曲从宏大的“向前，向前，向前”的号召开始，通过威武雄壮的进行曲节奏，以号角式音调讴歌了人民军队的蒸蒸日上，以朗诵音调抒发了战地豪情，并以排山倒海的气势结束全曲。作品以精湛的表现手法集中表现了人民军队豪壮的军威，具有一往无前的力量，可以说是我军军歌走向成熟的象征。《八路军大合唱》曾于 1941 年 8 月荣获毛泽东、周恩来等捐助的“五四青年奖金委员会”颁布的音乐类甲等奖。解放战争时期，这首歌改名为《中国人民解放军进行曲》。1988 年 7 月 25 日，经中共中央批准，中央军委决定，它被正式确定为《中国人民解放军军歌》。

◎《没有共产党就没有新中国》

由曹火星创作的《没有共产党就没有新中国》也是诞生于抗战时期的优秀歌曲。

出北京城，向西南100多公里，就到了位于深山中的房山区霞云岭乡堂上村。1943年10月，就是在这里，19岁的曹火星创作了《没有共产党就没有新中国》。那朴实的歌词、滚烫的旋律，表达出抗战时期亿万中国人民的心声，鼓舞和激励着中国人民奋勇前进，这首歌曲也被誉为“颂党第一歌”。

▲中堂庙东侧殿，当年曹火星就是在这间小屋里完成了《没有共产党就没有新中国》的词曲创作。

据堂上村的老人们说，《没有共产党就没有（新）中国》这首歌曲写好后，开始只是在村里十几个儿童团员中传唱，后来才流行于全国各地。

1943年的冬天，各县的干部和农、青、妇等群众团体的干部集中在冀察专区，参加一年一度的冬训学习班。在干训班里，大家听到唱这首歌都觉得很好，便提出来要学唱。于是，曹火星第一次正式在干训班上教唱这首歌。当时他还印了歌片发给大家。冬训班结束后，干部们都学会唱了。大家回到各县各地后又把这首歌教给当地的群众。这首歌就这样很快在平西的广大群众中流传开了。

这首歌首先在晋察冀解放区流传开来，随后各个抗日根据地都唱起来，深得广大工农兵的喜爱。1943 年，创作这首歌的时候，歌词中有一句歌词“坚持抗战六年多”，1944 年大家唱这首歌时，群众自动改成了“坚持抗战七年多”，1945 年又改成“坚持抗战八年多”。

1945 年 8 月 24 日，新华广播电台首次播音就翻唱了《没有共产党就没有新中国》等革命歌曲。随着解放大军进军的步伐，这首歌就像长了翅膀，从地方传到部队，从晋察冀传到冀中冀东，东北解放又传到华北，大军南下又传遍全中国。

曹火星把自己对党的热爱和对历史实践的亲身感受，化作无穷的力量，谱写出反映人民心声和时代真理的最强音，这不仅是对中国革命音乐事业的重大贡献，同时对于坚定人民群众对共产党的信念也产生了不可估量的影响。这发自内心的歌声是跨越历史长河的共鸣，是印证沧桑巨变的时代强音。它将让人们永远牢记中国共产党的英名，《没有共产党就没有新中国》必将世世代代永远传扬。

当时的抗战歌曲作品《忘不了》《北淇村》等控诉了日寇的暴行；《骂阎锡山》《反投降小调》等揭露了国民党投降派和敌特汉奸的罪恶。在瓦解敌伪军方面，有《枪口朝天放》《炮楼谣》等“政治攻势”的成功之作；也有缅怀英雄先烈的《白求恩大夫挽歌》《歌唱二小放牛郎》《狼牙山五壮士》《王禾小唱》《晋察冀小姑娘》等催人泪下的名篇；也有《罗炳辉射击手》《李勇变成千百万》等对英模人物的由衷赞叹。还有一部分作品真实反映了根据地的建设和生活，如，作为时代象征的《延安颂》，娓娓动人的《沂蒙小调》，斗志昂扬的《团结就是力量》，充满喜悦的《解放区的天》等；在反映拥军爱民和支援抗战方面，有《八路好》《黄桥烧饼歌》《拥军花鼓》等热情洋溢的经典之作；在欢庆胜利之际，则有《打个胜仗哈哈》《胜利鼓舞》等欢欣鼓舞的作品。这些产生和流传于抗日根据地的歌曲塑造了人民军队的光辉形象，表现了丰富多彩的根据地生活——以时代性与民族特征相结合，以政治性与生活化相结合，以专业性与群众需求相结合，作为"团结人民，教育人民，打击敌人，消灭敌人的有力武器"，也是我们党领导人民浴血奋战的历史记录。

在抗日战争时期，"一切为了民族救亡"是时代的主旋律。抗日救亡歌曲就是一个民族在危亡之际所发出的呐喊，是民众的心声，是时代的最强音，凝聚着中华民族的力量。成千上万首抗日救亡歌曲对中国人民取得抗日战争的伟大胜利起到了巨大的推动作用。歌曲中那一个个跳跃的音符激励了每一个不愿做亡国奴的中华儿女，唤起了广大人民群众的反侵略意识和爱国主义情操，激励着中国人民赴汤蹈火，英勇作战。这些充满时代特色的音乐作品在今天仍然具有强烈的感染力和教育意义，具有鲜明的时代特征。

翻开抗日战争的壮丽画卷，那炮火连天的烽火年代已离我们远去，但那些代表着中华民族之魂的抗日歌曲却流传至今。这些充满时代特色的音乐作品喊出了近百年国人积压在心底的、被侵略、受压迫的愤怒激情和争取胜利的吼声！历史的屈辱不能被遗忘，民族的呐喊响彻云霄，将中国的历史、民族的记忆代代相传。

抗日烽火中的诗人与诗作

抗日战争时期，有这样一群诗人，他们不顾个人的安危，毅然用自己的“手中枪”投入战斗的洪流中去，为抗日摇旗呐喊，把抗日救亡的爱国激情传播到祖国大地的每个角落。正是这种精神力量使中华民族每当面临难以想象的困难和生死存亡的考验时，都能保持着坚强的团结和旺盛的生命力，最终走向胜利。

诗人们创作的诗篇是抗战中有力的“号角”，这些充满爱国主义激情，激发了全民族抗战热情和爱国情绪的诗篇，在抗日战争中发挥了无法估量的作用。这些诗歌被深深打上了时代的烙印，是特殊时空下的一种具有特色的文学现象，是中国现代文学史上的奇观，在世界反法西斯诗歌中占有不可或缺的重要地位。

在抗日战争胜利 70 周年之际，重读这些爱国诗篇，更具有时代意义和现实精神。

◎ 抗战诗歌的变革

战争造成了中国作家和新文学的苦难，但也考验了中国作家和新文学。在全国人民一致要求抗日的呼声下，蒋介石政府对日宣战，国共合作的抗日民族统一战线正式宣告成立。中国文学界也义无反顾地与全国军民一起投入抗日的斗争中去。战争粗暴地打破了作家们相对平静的生活，造成了中国作家大流亡。面对大片的国土沦丧，面对着动荡纷乱的时局，全国人民的抗日情绪日益高涨，作家们也感到了身上的责任，纷纷走出了自己的“亭子间”，有的投笔从戎来到抗日的前线；有的在敌占区奋笔疾书，进行抗日的宣传工作。他们摆脱了原来比较狭隘的生活圈子，投入爱国主义洪流。茅盾在第一次全国文代会所作的报告中说：“当抗日战争初起，全国文艺工作者都非常兴奋，立即组织了许多演剧队、抗宣队，到农村和部队中去，写出了许多短篇和小型作品……没有人能抹杀它们在抗战初期所起的宣传作用。”

五四新文学运动以后，文学蓬勃发展起来，各种文学思潮、流派都在这个时候产生并发展。在 20 世纪 30 年代初，中国新文学已经形成了一个比较开放、活跃的局面。但战争改变了一切，也改变了文学。诗歌的审美价值取向有了明显的变化，转向了对文学现实意义的追求，诗歌的形式也有了新的变化，呈现出与以往不同的形态。

为了适合诗歌宣传抗日的需要，抗战时期的诗歌在形式和语言上都作了新尝试。这些诗歌都采用自由体形式，语言铿锵、昂扬，具有强烈的号召力，显示了诗歌的战斗性。这时各种报刊上发表的多是短小精悍的诗篇，如武汉创办的《时调》《诗时代》《五月》等诗刊，登载的大多是青年作者的短诗，其中尤以朗诵诗和街头诗最为风行。这些诗歌读起来慷慨激昂，琅琅上口，利于把爱国激情更快捷地传递给读者，使读者更容易理解、接受并更快地传播出去，反映了抗战诗歌运动的特色。由于朗诵诗和街头诗的空前繁荣，因此在这个时期没有产生大型的“史诗”性的作品，但这些具有震撼力量的短诗，却发挥了重要的宣传作用。

诗歌语言的通俗化是这一时期诗歌的一个显著特点。抗战时期的诗歌，主要的作用是为抗战摇旗呐喊，鼓舞人们抗战的同时，调动全民族人民抗敌的斗志。诗歌面向的读者是广大的人民，诗人们开始尽可能多地开掘大众口语的平易、朴实、富于自然节奏等语言魅力，用更直白的语言来表达自己内心的真实感受和爱国情绪。虽然这些诗歌通俗化了，但并不粗糙、散漫，如诗人何其芳的创作就具有这样的共性。

▲何其芳

在20世纪30年代初期，何其芳的诗歌还追求意境的完美，徘徊在缠绵梦幻的艺术境界当中。但抗战爆发后，他的诗歌意境就失去了幻美的梦，开始感染时代的气氛，领略到人间的辛苦，诅咒战争，诅咒侵略者。他写到了农村和城市的不平和痛苦，同时也开始改变自己诗歌的美学要求，如《夜歌》明显体现了这种改变，诗歌形式和语言更加通俗而朴实。他的《一个泥水匠的故事》，用炽热的感情歌颂了为民族牺牲的英雄，这也是他诗歌作品中前所未有的。

抗战时期的诗歌创作异常活跃，抒情性和简洁性使诗歌在当时的文学创作中占据主导地位，人们纷纷以写诗来表达自己的抗日激情，从而服务于抗日战斗，其中有些是从未写过诗的作家，甚至有的是从未进行过创作的青年作者。时代催生出了大批诗人。

为了发动广大人民参与到诗歌创作当中去，中国诗歌会首先提出了诗歌朗诵运动。抗战爆发后，在作家深入生活、诗歌面向大众的潮流的影响下，诗歌朗诵运动受到了重视。诗歌朗诵运动从武汉开始，蓬勃地发展起来。在武汉的街头、集会上和电台，出现了诗朗诵节目，冯乃超、锡金、高兰等人，他们是运动的倡导者，也是诗歌的创作者。这一运动一开始就影响到了延安、昆明等地，从延安出发的西北战地服务团，组织了诗歌朗诵队在前线表演。延安的新诗会也曾致力于诗歌朗诵运动。光未然的《黄河大合唱》歌词，曾经就是以朗诵诗的形式，在抗日民主根据地广为流传的。抗战后期，在昆明等地，也有热情的诗歌朗诵活动，闻一多和朱自清都积极参加了这个运动。抗战时期的诗歌朗诵运动，对于扩大诗的影响，推动诗歌大众化，发挥了积极的作用。

抗战时期动荡不安的创作环境和出版印刷的困难，以及动员群众的需要，促使诗人们选择能够敏捷地反映现实斗争、为人民大众喜闻乐见的文艺形式。在这种情况下，街头诗、朗诵诗兴盛起来，几乎占据了抗战初期的诗坛。诗人们怀着高昂的爱国热情、同仇敌忾的民族义愤，投身于抗战的伟大斗争，在参加其他活动的同时，拿起纸笔，作为武器为神圣的民族解放事业呼唤、呐喊。他们走出战前狭小的生活天地，到人民群众中去争取生存的广阔空间。有的作者走遍了半个中国，目睹了祖国的穷迫和危殆；有的作者亲历了多年的前线生活，体验到战争的艰苦和光荣；很多作者都经历了从前方战区辗转到大后方的过程，经受了战争各个阶段的考验，深切地理解整个民族的灾难和希望。很多诗人为了寻求光明，冲破重重困难险阻，从国统区奔赴抗日民主根据地，像柯仲平、田间、何其芳、艾青等都先后到了延安。战争不仅振奋、鼓舞了诗人，也在进行的过程中锻炼和造就了他们。诗人的思想提高了，视野开阔了。不少诗人这个时期的创作取得了新的进展，达到了新的高度，其中还出现了一些创作水平较高，具有代表性的诗人。

新诗在为民族革命战争服务的过程中发展到新的阶段。诗歌与现实斗争的关系更为密切了。工农兵群众开始成为民主根据地中许多诗人歌唱的对象。街头诗、朗诵诗等富有鼓动性和群众性的形式，在抗战初期受到了许多作者的重视。随着战争进入相持阶段，从短诗到长诗，从抒情诗到叙事诗，抗战诗歌的发展趋势开始发生改变，那些脱离现实斗争或者具有形式主义倾向的诗风，如新月派、现代派，开始遭到更多诗人的厌弃。新诗较战前大众化了，然而也更散文化了。

◎ 艾青:《我爱这土地》

在抗战期间，人们纷纷以写诗来表达抗日激情。在这种背景下，涌现出大批爱国诗人，他们创作了大量的爱国诗篇。这些充满爱国主义情怀的作家们亲历了战火的洗礼，经受了颠沛流离的生活，目睹了抗战的现实。他们在与生活广泛地接触后，扩大了生活的视野，丰富了写作的素材，触动了创作的思想。他们内心对祖国、人民充满着民族主义情感，这种情感体现在作品中，便表现出强烈的爱国主义精神。抗战时期，文学上的诗歌创作最为活跃，而且具有特别强烈的战时文化色彩。诗人通过不同的角度，从各个层面抒发了对祖国的热爱和对和平的憧憬。

在时代精神的感召下，任何一个有爱国心、民族感的诗人，都不会置身于时代的大潮之外，而流连于纯艺术的世界，正像艾青在《诗与时代》中所说："这伟大而独特的时代正期待着、剔选着它自己的伟大而独特的诗人。"诗人们此时把自己的爱国行动具体转化为书写表现爱国主义的诗歌。

抗日战争时期，很多诗人都进入了重要的创作阶段。抗战爆发后，很多诗人流亡迁徙，接触到了满目疮痍的国土，灾难中挣扎的人民以及他们为履行复兴民族的天职而付出的牺牲，这些都深深感染了诗人们。此时的艾青满怀热情创作了一组以北方生活为题材的优秀篇章，如《雪落在中国土地上》《北方》《乞丐》《补衣妇》《我爱这土地》等，其中，《我爱这土地》是一首在现代诗歌史上广泛传诵的抒情名篇。这首诗写于抗日战争全面爆发后的 1938 年，当时日本侵略军连续攻占了华北、华东、华南的广大地区，所到之处疯狂肆虐，妄图摧毁中国人民的抵抗意志。中国人民奋起抵抗，进行了不屈不挠的斗争。诗人艾青在国土沦丧、民族危亡的关头，满怀对祖国的挚爱和对侵略者的仇恨，写下了这首慷慨激昂的诗：

假如我是一只鸟，
我也应该用嘶哑的喉咙歌唱：

这被暴风雨所打击着的土地，
这永远汹涌着我们的悲愤的河流，
这无止息地吹刮着的激怒的风，
和那来自林间的无比温柔的黎明……
——然后我死了，
连羽毛也腐烂在土地里面。
为什么我的眼里常含泪水？
因为我对这土地爱得深沉……

土地是农业民族的衣食之源，聚族而居，守住一方水土，这是普遍的生活方式。失去了土地，也就是失去了生存之依凭。因此，土地就和国家、民族、历史这些永恒的载体联结在一起，并给人以“归宿”感。然而，战争的烽火烧焦了土地，无情地摧毁了人们赖以生存的家园。抗日战争全面爆发后，中国的国土由南到北不断沦陷，人们在逃亡过程中，更强烈地意识到：土地不仅仅是“现实”的，是他们生活于此的真实依凭；更是“象征”的，是被欺凌的群体赖以支撑的“归宿”之地。这首诗是那个苦难的年代一切爱国知识分子对祖国的最真挚的爱的表白。这种爱刻骨铭心，至死不渝，不仅来自诗人内心深处，更是全民族普遍的爱国情绪的浓缩，抒发了那个时代华夏儿女共同的心声。除此之外，艾青的《吹号者》《向太阳》《他死在第二次》《火把》等诗篇奠定了艾青在新诗发展中的崇高地位。他把感情蕴含在对生活的描绘之中，为我们苦难的民族画了像。他描绘寒冷的雪夜，因为“中国的苦难与灾难/像这雪夜一样广阔而又漫长呀!”他描写旷野，这“悲哀而旷达”“辛苦而贫困的旷野”，不正是中国大地的写照吗？他的脍炙人口的《乞丐》不是很真实地描写了凄风苦雨下到处流亡的中国难民吗？诗人对这灾难深重的祖国充满了无限的依恋和钟情，他在《北方》一诗中说：“我爱这悲哀的国土，古老的国土——这国土养育了为我所爱的/世界上最艰苦/与最古老的种族。”而在《我爱这土地》中那“为什么我的眼里常含泪水？因为我对这土地爱的深沉”的诗句，不知打动过多少人的心。艾青在描写困难的同时，也表现了在困难中顽强挣扎、坚韧奋斗的民族精神。

▲艾青

◎ 田间：《给战斗者》

田间，在抗战初期即与艾青齐名。抗战时期，他用诗歌作为武器唤醒民众，召唤人民投入轰轰烈烈的民族解放战争，从诗歌的内容到艺术形式进行了卓有成效的探索。

1937 年 7 月，卢沟桥的炮声响了，田间毅然投入抗战的洪流中。他回家向父母告别之际，接到了茅盾的来信，建议他

“先来武汉，大批文化志士已聚此……”茅盾的信，促使田间下定决心到武汉去。田间告别了父母，乘长江轮船前往武昌靠岸时已近黄昏，空袭警报正在长鸣，大街上青年学生、学者、工人、农民一切不愿做亡国奴的中国人，唱着“大刀向鬼子们的头上砍去……”高举着大旗纷纷奔赴前线。

在热血和寒风交织的冬夜，田间的心在燃烧，血在沸腾。于是，他奋笔写下了“给战斗者”四个大字。诗的一开始便给人们展示了一幅东北沦陷的悲惨图景，接着诗人又以亢奋的激情歌唱了中华民族的觉醒，字里行间充满了火光、鼓声、怒吼声：

在没有灯光
没有热气的晚上，
日本强盗
来了，
从我们底
手里，
从我们底
怀抱里，
把无罪的伙伴，
关进强暴的栅栏……
光荣的名字
——人民！
人民呵，
站在卢沟桥
迎着狂风，
吹起冲锋号；

人民呵，
在辽阔的大地之上
巨人似的，
雄伟地站起！……
今天呀，
让我们
死吧，
我们会死吗？
——不，决不会！
我们是一个巨人
生活就要战斗，
高贵的灵魂，
宁死也不屈服，
伸出双手来，
迎接——自由！
光荣的名字，
——人民！
人民呵！
前面就是胜利。
……

第二天，田间怀揣着《给战斗者》的诗稿送给在武昌艺专的艾青看，艾青接过田间的诗稿，欣喜地读着，连连点头称赞。他重重读着诗的结尾："在诗篇上/战士的坟场/会比奴隶的国家/要温暖/要明亮……"那诗句，深深打动着艾青的心。他叮嘱田间，马上把这首诗送到当时胡风在武汉主编的《七月》。胡风听说田间有新的诗作，立即就读。《给战斗者》长诗很快在《七月》以头篇问世了，21 岁的诗人田间声名鹊起，这首诗也产生了广泛的影响。文艺理论家胡风发表了《关于诗和田间的诗》的文章，称田间是“第一个抛弃了知识分子灵魂的战争诗人和民众诗人”。1943 年，闻一多经朱自清介绍读到田间的诗集《给战斗者》，一时惊喜莫名，他在昆明联大唐诗班点评田间的诗，赞扬田间为“擂鼓的诗人”。香港诗人何达是西南联大历史系的学生，他在《闻一多新诗和西南联大》一篇回忆文章中畅叙了闻一多在联大讲演时对田间诗歌的赞扬：“田间，这是一位诗人的名字，他的诗我一看这是诗吗？再看，咦，这不是鼓的声音吗？这里没有弦外之音，没有绕梁三日的韵味，只是一句句质朴干脆、真诚的话，简短坚实的句子就是一声声的鼓点……响亮而沉重，打入你的耳中，打在你的心上，鼓舞你爱，鼓动你恨，鼓励你活着。”

《给战斗者》这首抒情长诗是代表田间创作风格的优秀诗篇。精短的诗行，急促的节奏，跳跃的旋律，表现出诗人对民族命运的热切关注，具有饱满的战斗激情和高昂的时代精神的诗歌，在当时发挥了强有力的鼓动和号召的作用。诗人以深厚的感情描述了中国人民曾经有过的朴实而安宁的和平生活，揭露了日本帝国主义对祖国同胞惨无人道的蹂躏，并发出必须为祖国而战的强烈呼喊。

继《给战斗者》之后，田间又创作了《论我们时代的歌颂》《伟大的交响》《血的春天》《换上了戎装》《为战斗我们分手》《祖国叫我们这样》等诗篇，真切地表露对于祖国命运的责任感和战斗的使命感。

抗战时期的诗歌作品表现出了强烈的战斗激情，给读者以震撼的强烈效果。在延安和抗日民主根据地，诗人田间怀着炽热的感情，写下了许多呼唤中国人民英勇抗敌的诗，曾传诵一时的有《义勇军》，它形象地启示人们："正在血里生长"的，不仅是长白山下的高粱，而且有全中国人们心底的仇恨。臧克家在抗战开始后带着充沛的热情写下了大量的诗歌。他说："抗战的号角一响，我疯狂了，一肚子淤积得到了倾倒，一腔子热情，无遮拦地流泻，看到什么写什么，听到什么写什么。"作者当时正以文化工作者的身份，亲历了前方的战斗生活，他感受了时代的精神，渴望自己的诗歌能随着战斗生活的深入，更好地表达出时代的最强音。他在战时的第一首诗《我们要抗战》中曾写道："诗人啊，请放开你们的喉咙，除了高唱战歌，你们的诗句将哑然无声。"他这时的诗歌充满着强烈兴奋的情绪和战斗的精神。同时又由于他在前方目睹了战士的牺牲、人民的痛苦，以及汉奸的无耻，所以诗歌中又时而流露出悲痛和愤慨之情。

抗战时期的诗歌融入了战斗的品格，正如老舍先生所说："今日的战争是全面的，无分前方和后方，无分老少男女，处处人人都受到战争的影响。历史，在这阶段，便以战争为主旨。"诗歌也不例外。在一切为了战争的原则下，诗人们也投入了"战斗"，把战斗的激情浸润到诗篇当中。这些诗篇都是在作家情不可抑的情况下挥洒而成的。诗篇中的激情都来源于抗战时期诗人们对日本侵略者的刻骨憎恨，来源于诗人们对祖国和人民的深切的爱，这种崇高的思想使他们的诗歌在审美层次上得以净化和升华。

诗歌所发挥出来的鼓舞气势、震撼人心的精神力量是无法估量的。光未然的朗诵诗当时曾被人广为传诵，特别是他那些配曲的歌词如《五月的鲜花》，激励了无数热血青年投入到抗日的洪流当中去。抗战爆发后，他在延安创作了堪称民族史诗的《黄河大合唱》组诗，作品强烈的爱国家、爱民族的思想，不知鼓舞了多少抗战的勇士，抛头颅、洒热血，手拿大刀长矛与拥有洋枪洋炮的敌人顽强地奋战。

在民族危亡的紧要关头，我们可敬的诗人勇敢地吹响了抗日战争的嘹亮号角。今天，在我们迎来纪念抗日战争胜利 70 周年的时刻，重读这些充满忧患、充满激情的诗篇，会更加激起我们的民族自豪感和民族自信心，万众一心，把振兴中华的号角吹得更加嘹亮辉煌！

镜头中的抗日战争

抗战时期，中国民族主义的升华，也是中国历史上最大的民族觉醒。在民族危亡之际，“一切为了救亡”成为时代的主旋律，社会各阶层、各职业纷纷以各种形式加入到了这场民族战争中。感情丰富、思维敏感的摄影家也不例外，他们把相机作为武器，创作了大批主题鲜明、广泛流传的摄影作品。摄影艺术唤醒和鼓舞着全民族，以其独特的方式宣传、记录了抗战。

在日本侵略者的枪炮声中，中华民族的民族精神正在逐渐苏醒。中华民族要为生存而战。这是当时的民心、民意、民志，也是当时时代的最强音。这一不可遏阻的历史趋势，也必然影响每一个中国人的思想、政治态度和审美观点。抗战时期的中国摄影，恰恰是这种影响的产物。

摄影来自生活，又反映生活，是社会生活的产物。图片是摄影的最终产物，那么一个时代的摄影作品必然与其所处的社会生活主旋律密切相关。每一个波澜壮阔的时代都会诞生一大批反映社会生活主旋律的摄影作品，而这些具有时代特色的作品也是它们所产生时代的一个组成部分和一种纪录形式，透过这些作品，我们可以更加全面和深入地了解其所产生时代的社会生活以及人们的思想情感状况。

◎ 摄影与记录片

抗战摄影是在抗日战争的大环境中产生的，体现了摄影艺术与战争、政治、历史的完美结合。摄影家把相机当作枪杆，创作了大批主题鲜明、广泛流传的摄影作品。这些作品是在山河破碎、民族危机的特定环境下产生的，它们和当时的政治、战争形势息息相关，深深打上了那个烽火连天时代的烙印。同时，抗战摄影也是全民抗战宏伟画卷的组成部分。它不仅反映了当时众多摄影人的思想情感，也记录下了包括战士、民众、妇女、儿童、社会各阶层等各种社会成员的视觉化形象，同时还记录了抗战给人们的社会活动、生活状态所带来的某些特殊影响。

20 世纪以来，照片和记录片被越来越多地运用于历史研究领域，尤其是很多反映近代历史的书籍和影片都大量使用了摄影作品。以抗日战争研究为例，从各种出版物的封面到内容，从各博物馆、纪念馆到各级电视台的节目，都可以看到很多摄影作品。文字的传播受着许多的限制，它将许多鲜活的信息变成一些简单的符号化文字，受到许多传播环节的限制。但摄影作品的出现解决了以往书面历史的局限，以其通俗易懂、直观可视的方式将历史的原貌展现给了世人。

1931 年的九一八事变，促使中国人民民族意识的觉醒，全国掀起了抗日救亡运动新高潮，使得当时摄影界的思想面貌也发生重大变化。摄影也伴随着抗战而发展演进，形成抗战中一道独特而靓丽的风景线。不少摄影家开始走出了纯艺术的象牙塔。摄影艺术唤醒和鼓舞着全民族，以其独特的方式宣传、纪录抗战。可以说抗战为中国摄影和摄影人的发展提供了一个新的环境，有了抗战也就出现了抗战摄影。

1931—1937 年是局部抗战时期，在这期间是抗战摄影的产生和起步发展阶段。1931 年 7 月 19 日《申报》第 60 期就介绍了万宝山惨案，70 期介绍了日本侵略中国东北的情况，1931 年 10 月 4 日的 71 期，则刊登了该报记者赵君豪拍摄的日军进攻奉天的照片。①

1931 年 10 月 17 日，距九一八事变仅一个月，邹韬奋主持的《生活》周刊就编发了“国难惨象画报”第一期，登载了揭露日本帝国主义的 12 张照片，取名《惨目伤心的照片》，画报中写到“在这照片上除了看到那满天黑烟和同胞被俘，以及平坦的马路变成战场之外，那屋瓦余烬，那横尸殷血，更有那凄惨哀号……”② 第二期在一周后的 24 日出版，登载了 17 张照片，说明道：“这照片中央着军装者就是土肥原大佐，这回事变之起就是他应陆军部电台回东京，受密令传到奉天日军关东军司令土庄繁而发动的，他果然做起军服市长来了。”③ 在一幅被俘的照片下说明道：“可怜的被俘者，坐立遂那兽性的东西驱使，不知已牺牲多少了。”④ 照片真实地揭露了日本侵略军占领奉天后，成立伪市政府的情景。第三期用 13 张照片揭露了日本侵略军长驱直入奉天城的情景。第四期刊载照片三张，集中反映国民党军队兵败如山倒，在东大营被日兵解除武

① 上海摄影家协会、上海大学文学院：《上海摄影史》，上海人民美术出版社 1992 年版，第 77 页。

② 《生活国难惨象画报》，《生活》第六卷，第 43 期，人民出版社 1980 年影印本，第 968 页。

③ 《生活国难惨象画报》（二），《生活》第六卷，第 44 期，人民出版社 1980 年影印本，第 991 页。

④ 《生活国难惨象画报》（二），《生活》第六卷，第 44 期，人民出版社 1980 年影印本，第 993 页。

装的情景。第五期刊载五张照片，揭露了日本侵略军掠夺中国的财物。随着日本帝国主义的入侵，《生活》周刊的主持人邹韬奋首感时代脉搏的跳动，立即号召大家起来抗日救国、共赴国难，在报刊的图片宣传上，体现了这一鲜明的转变。

1931 年 10 月18 日，北平《世界画报》第308 期以三个整版刊登日军侵占沈阳暴行照片18 幅，[①] 取名为“请看日兵屠杀我同胞”。1931 年，《良友》也编印了《日本侵占东北真相画刊》，封面照片为日兵入城，标题为“铁蹄辱我关山何时雪?”其中就有上海市民救亡大会及全国各地救亡运动的照片。

1932 年，上海“一・二八”事变爆发。日本在上海挑起战火，十九路军英勇抗战，激起了中国人民的无比义愤。1932 年2 月17 日，《申报》出版《上海战事摄影》。《生活》周刊也增印了《上海血战抗日画报》，继续揭露日本帝国主义的暴行，积极宣传群众，组织群众。邹韬奋在《生活》中写了《痛告全市同志》和《几个紧急建议》的文章，提出“我们要想救国保族，必须下决定不怕牺牲”。“此时应全国一致对外……只知共赴国难，不知其他”。[②]《上海血战抗日画报》共出了三期，1933 年3 月1 日晚上上海失守后停刊。画报歌颂了蔡廷锴所领导的十九路军的英勇事迹，揭露了日军的暴行。第一期是战士在战壕内英勇抵抗日军，十九路军军长蔡廷锴在前线视察，闸北巷战，日本暴行。第二、三期连载上述内容，并登载了吴淞炮台和战利品。

在“一・二八”战事期间，各报社如良友新闻摄影社、申

---

① 胡志川、马运增：《中国摄影史 1840—1937》，中国摄影出版社 1987 年版，第 133 页。

② 邹韬奋：《几个紧急建议》，《生活——紧急临时增刊》第二号，载《生活》第七卷，人民出版社 1980 年影印，增刊第 4 页。

报新闻社、时报摄影部以及联华影片公司，前线军官和随营作战的学生义勇军等，拍摄了大量的战事照片，各报社和出版社编辑出版了画报、画刊、摄影集等不下十几种之多。比如《上海战事画报》《淞沪御日血战大画史》《淞沪抗日画史》等。

▲蔡廷锴视察十九路军前线阵地

除了抗战照片和画报增多以外，举办摄影展览的目的上，开始从纯粹的“个人兴趣”，逐渐转为抗日救亡。如以救济东北苦难同胞、支援前线抗日英雄为目的的义卖义演展开始增加，表达了当时中国摄影人对时局的关切。1932 年 11 月 29 日，上海“三友影会”举办了义赈摄影展览，共展出郎静山、黄仲长、刘旭沧、徐祖荫的 127 幅摄影作品。举办展览的目的是“眷念东北被灾同胞，亟须救济，精选佳作百帧……所售之资，悉数捐助赈款。”[①] 这次影展，从展品的题材和内容看，

① 《三友影会义举，精选佳作百帧出售》，《上海时报》，1932 年 12 月 8 日，第二张第七版。

跟以往并没有太大区别，但是举办的目的已经有了很大的变化。这是有文字记载的，直接和挽救民族危机运动有关的一次最早的摄影展览活动。可以说是抗战以来第一个联系到抗日救亡和民族危机的摄影展览。

在当时，对于中国的摄影人来说，日本的侵略，“最小是一个血的教训，叫我们明白了现阶段影艺和整个民族命运的联系”。[①] 1935 年，日本加紧对华北的侵略，民族危机进一步加深。当时的人们，可以感受到偌大的一个中国，已经再无平静之地。民族的危机迫使人们要利用一切可以利用的手段为抗日救亡服务。而摄影艺术，以其迅速、准确地纪录和反映现实生活的特点，必然成为了抗日救亡的一把锋利的武器。

◎ 郑景康与沙飞

1937 年七七事变，揭开了全民族抗战的序幕。抗战全面爆发后，八路军东渡黄河，挺进华北迎击日本侵略军，在平型关首战告捷，极大鼓舞了全国军民抗战必胜的信心。八路军英勇抗战的消息，很快在全国传开，摄影图片作为信息传递的媒介，发挥了很大的作用。全国各地的画报、画刊与报纸杂志，纷纷刊登《平型关我军挺进》《英勇善战屡歼顽敌之第八路军》《晋北战场我军之主要将领》等许多振奋人心的照片。这些照片不但真实、形象地传递了八路军奋勇抗战的情景，鼓励了爱国青年投奔八路军参加抗日的热情，而且也使中共领导下的八路军将领和官兵们认识到摄影工作的重要性，要逐步创造

---

① 陈传霖：《八年来的黑白影社》，《中国摄影史料》第一辑，1981 年 5 月版，第 8 页。

条件建立自己的摄影工作。

根据地的摄影人，按来源可以分为两大类：一类是由国统区奔赴延安的摄影人，如沙飞、吴印咸等；另一类是中国共产党依托这些摄影人开办培训班，自行培养的摄影干部。

郑景康，奔赴根据地的著名摄影家。在抗战全面爆发后，他深感国家兴亡匹夫有责，毅然于 1938 年从香港赶赴武汉参加抗日救亡运动，曾任国民政府国际宣传处摄影主任，一心想用摄影为抗战服务，无奈无法得到当局重视，不久愤而辞职。1940 年 12 月，在周恩来和叶剑英的介绍下，奔赴延安。他的到来，不仅为中国共产党培养自己的摄影队伍提供了技术条件和师资力量，也为自己的摄影生涯掀开了新的篇章。

沙飞，抗日战争时期中共军旅摄影师，同时也是《晋察冀画报》的创始人。他的摄影业绩今天已经成为中国摄影史的重要内容。沙飞在从事摄影创作的时候，就意识到摄影人应该深入现实中，深入社会生活中去寻找题材，在拍摄的过程中达到济世的目的。因此，他将相机作为犀利的武器。卢沟桥事变爆发后，沙飞深感作为一名摄影师，在国家和民族生死存亡的时刻，应该背着自己的相机走向战场，用照片来唤醒民众。凭着这种信念，沙飞奔赴前线拍摄八路军抗敌场景。11 月7 日，晋察冀军区成立，不久沙飞担任编辑科科长兼抗敌报社副主任。他一面编报，一面拍摄照片，把八路军初期战斗生活的照片寄往延安和大后方。1937 年 12 月，沙飞正式加入八路军，开始了其红色摄影师的历程，成为晋察冀抗日根据地的第一位摄影记者。

沙飞用镜头纪录的抗日战争，是中国人民英勇抗战的佐证。当时沙飞采访过的八路军将士都对他有非常深刻的印象。杨成武上将回忆沙飞：“衣服破烂，胸前总是挂两个照相机；

他抢镜头是很厉害的，有时候部队没到，沙飞已经到了。他的棉衣右边有三个洞，敌人打的。在摄影记者中衣服被打洞的不多见。”

▲沙飞

1939 年 2 月，晋察冀军区政治部摄影科正式成立，这是人民军队的第一个摄影机构，沙飞任科长，罗光达是摄影记者。重大战斗和重要活动，都通知新闻摄影记者参加。当时的八路军战士不明白沙飞手里拿的黑匣子是做什么的，可后来他们在《晋察冀画报》上看到自己被印刷在纸上的形象之后，非常激动，特意为沙飞编了一段顺口溜：“南蛮子，瘦个子，腰里挎个黑匣子，他为军民留影子。军民看了照片子，齐心抗日打鬼子。”

1939 年春节，沙飞和罗光达在晋察冀军区驻地举办了第一个街头摄影展览。这次展览的内容，有八路军光复的城镇，缴获日军的枪炮、马匹、日用品以及群众参军、部队生活、根据地群众生产等。照片基本上是沙飞拍的，用的是120相机。当地群众以前从未见过这种照片，附近村里的群众包括70多岁的大爷、大妈和七八岁的娃娃都去观看，当地妇教会的年轻妇女来帮助照顾和讲解。除了村民，还有部队战士整队前往参观。聂荣臻司令员也亲自前往观看展览，称赞“这样做很好，这样的形象宣传作用大”。①

1943年秋末冬初，日军对晋察冀根据地北岳区大扫荡。为了保证底片的安全，沙飞特地在晋察冀画报社成立了一个15人的战斗小分队。1943年12月8日，画报社在花塔山被日军包围，突围中，沙飞在雪地奔跑一夜，腿部竟被冻伤，大病一场。为保护底片，先后有9位同志牺牲，4人负伤。

沙飞的战友罗光达回忆：“沙飞当时就有肺结核，还比较重，他把芥末包在布里，用热毛巾敷肺部，带病坚持工作。1939年春节，他们在河北蛟潭庄搞边区第一次摄影展览，照片在大庙的墙上挂起来。老百姓们看到缴获敌军的战利品，高兴地数着几门炮、多少支枪、多少匹大洋马。”

聂荣臻司令员到现场，听到群众的议论，他兴奋地对沙飞说：“形象宣传作用大，不识字的人也能看懂照片，可惜照片太小。”于是沙飞自己设计制造了一台土造日光放大机，把睡觉的房子布置成暗室，白天用被子挡住门窗，晒印相片。

聂荣臻看了说很好，让沙飞多给群众播放一些照片，还让人把照片带到延安去，向党中央报告胜利的喜讯。外宾来到晋察冀，就送他们这些照片，没有什么东西比战场上用生命换来的镜头更珍贵了。沙飞把拍摄的照片加以选择整理，洗印若干

① 王雁、刘丽丽编著：《飞向自由的一粒沙》，人民出版社2007年版，第29页。

套并编写文字说明，送到延安、重庆，甚至寄到了国外。

沙飞带领摄影科的同志们奔波在抗日前线，拍摄了大量反映晋察冀军民抗日的鲜活图片。1942 年 7 月 7 日，《晋察冀画报》创刊号在河北平山县碾盘沟村出版。聂荣臻司令员亲笔题词："五年的抗战，晋察冀的人们究竟做了些什么？一切活生生的事实都显露在这小小画刊里。它告诉了全国同胞，他们在敌后是如何地坚决英勇保卫着自己的祖国；同时也告诉了全世界的正义人士，他们在东方如何在艰难困苦中抵抗着日本强盗！"

▲晋察冀画报

沙飞对《晋察冀画报》的创办，有不可磨灭的贡献。此外，沙飞和他的同志们，通过各种渠道发向延安、重庆、苏联、菲律宾、越南、新加坡甚至欧美各地的新闻照片有 5 万余张，极大地鼓舞了国内各抗日根据地军民和世界各国人民反法西斯的战斗热情。

在此期间，沙飞还先后开办了九期摄影训练班，培养了数百名摄影干部，其中大部分成为优秀摄影家。

在抗日根据地的摄影内容中，以抗战为主的战争画面构成了当时的主题之一。《晋察冀画报》创刊号就以“抗日根据地在炮火中成长”为标题，用28张照片全面报道了抗战五年来晋察冀根据地的主要战斗战役。又以图片专栏的形式，向军民报道冀中平原游击战、冀东战役、狼牙山战斗、反扫荡战斗。除了反映当时战斗场景，根据地摄影人还用手中的相机揭露日军在根据地犯下的种种罪行，通过图片唤醒一切可以团结的力量共同抗战。第二期《晋察冀画报》就以“血的控诉”为主题，刊登了日军在根据地烧杀抢掠之后的图片，控诉日军的暴行。根据地的摄影人还拍摄了大量有关“无人区”“三光政策”“人圈”“毒瓦斯”“飞机轰炸”以及“秋季大扫荡”等照片，配以简短的文字说明，简洁明快，让观者强烈感受到同胞之情与仇敌之恨。

根据地的摄影人除了拍摄大量敌后战场敌、我双方战争场景的同时，还拍摄了一些根据地的国际友人，反映了国际友人对抗日战争的支持。

1938年，白求恩在山西五台县松岩口村开展工作不久，沙飞就来到了松岩口。这两位同样有着忘我的献身精神、对法西斯侵略者同仇敌忾、对艺术又异常热爱的异国影友一见如故。

沙飞第一次和白求恩见面挺特别。1938年5月，沙飞在山西五台县耿镇河北村的军区卫生部卫生所住院。6月，白求恩率领医疗队从延安到达五台县金刚库晋察冀军区司令部驻地。当时他骑着一匹枣红色骏马，身穿米黄色夹克衫，足蹬皮靴，架着一副金丝边眼镜，头发灰白而稀疏。正在住院的沙飞策马赶到司令部，拍下了第一张白求恩的照片。

沙飞用并不流畅的英语同白求恩交流，同样是摄影爱好者的白求恩自然乐于打开话匣子。他们一起讨论在战场上使用哪种照相机效果最佳，战地摄影与一般摄影的区别，等等。很快，两人成了非常好的朋友。白求恩还同沙飞一起千方百计将拍摄到的照片向延安、重庆、敌占区以及国外发稿。

渐渐地，白求恩对沙飞的摄影技术大加赞赏。他曾经写信给延安的马海德："今后，我们打算就在这里（晋察冀根据地）冲洗胶卷，因为我们已经从天津弄来一些照相器材，我们还有一个很出色的摄影师（指沙飞）……" 1939 年 1 月在河北平山蛟潭庄，沙飞和罗光达举办"敌后抗日根据地——晋察冀摄影展览"。白求恩也来观看，他看到沙飞为日寇炸毁的医院留下的较完整的照片资料。

渐渐地，沙飞也走进了白求恩的生活，他从白求恩到晋察冀边区的第一天起，就用照相机纪录他的活动。他既拍摄了白求恩严肃认真工作的场面，又抓拍了白求恩富有战地生活情趣的照片。

1939 年 11 月 12 日，白求恩在河北唐县黄石口村去世。他留下遗嘱，将自己来中国之前新买的带有柯达镜头的莱丁娜照相机送给沙飞。11 月 17 日，沙飞赶去向白求恩作最后的告别，他轻轻摘下军帽，肃立默哀，并拍摄了战友的遗容。11 月 21 日，晋察冀边区隆重举行白求恩追悼大会。灵堂里，有白求恩致聂荣臻的遗书，沙飞拍摄了大会全过程。1940 年 6 月 21 日在唐县军城，沙飞拍摄了白求恩陵墓落成典礼。1940 年 11 月白求恩逝世一周年之际，沙飞在唐县军城举办了“纪念我们的国际朋友白求恩摄影展览”。展出了沙飞、吴印咸、罗光达等人拍摄的白求恩活动照片50幅，还展出白求恩摄影遗作28幅。沙飞用白求恩遗赠的相机拍摄了这次影展的实况。

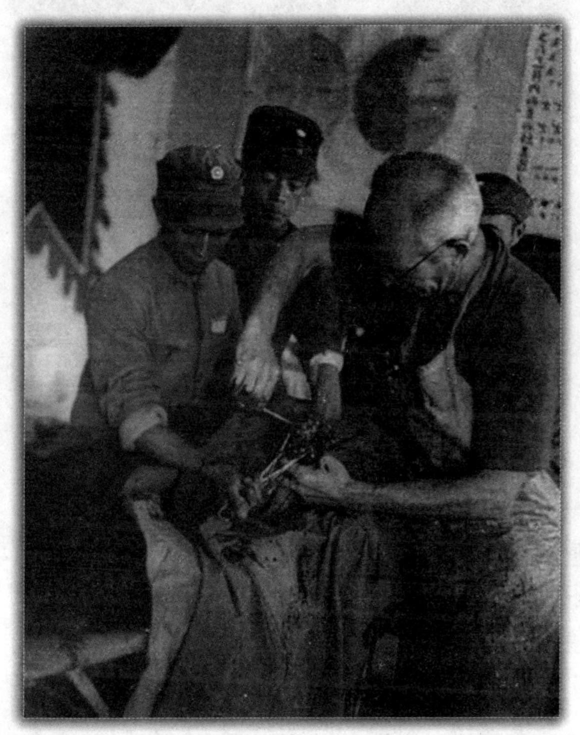

▲白求恩在山西五台松岩口模范病室动手术（沙飞摄）

1942年7月7日出版的《晋察冀画报》创刊号上，沙飞精心编辑一组“纪念国际反法西斯伟大战士诺尔曼·白求恩博士”的专题摄影报道，表达了中国人民对白求恩的缅怀之情，也表达了他对异国战友深切的怀念。当时放大照片用的就是白求恩送的放大机。1945年4月《晋察冀画报》八期登出“白求恩国际和平医院”专刊，10幅照片全部是沙飞拍摄的。

▲白求恩遗容（沙飞摄）

根据地的摄影人，将摄影工作放在反映抗战、宣传抗战、为抗战服务上。摄影作品的内容除了反映部队战斗生活外，还有大量中国共产党军政领导人的影像图片。抗日战争时期，延安是红色中心，也是确立、巩固毛泽东在中国共产党党内领导地位的重要时期。在枪林弹雨的战争时期，根据地摄影人自然将镜头对准毛泽东、朱德、聂荣臻等各位军政领导人，让他们的形象随着画报和影展传播到各地。吴印咸等摄影家在延安时期多次拍摄中共领导人，生动记录了这一代领导集体的风貌。

反映根据地军民社会生活也是摄影人从事创作活动的重要主题之一。根据地的军民生活是在战争与革命环境下的生活，所以根据地的军民生活总是围绕着战争与革命而展开。因此，出现了许多反映军民雨水情深的摄影作品。在抗战的岁月里，八路军子弟保卫人民，人民自发上前线送茶饭、抬伤员，送自己儿女参军上前线。“母亲叫儿打东洋，妻子送郎上战场。”抗战时期根据地最激动人心的生活场景莫过于此。除了反映军民关系，根据地的民主生活也是摄影创作的另一个主题。各种反映根据地大选举、民主建设会议、三三制政权、减租减息等内容的摄影作品，构成了影像化的根据地民主生活。

整个抗战期间，根据地的摄影人到底拍摄了多少照片，已无法统计，仅以《晋察冀画报》为主的各类画报发表的摄影作品就有4000多幅。这些摄影作品以贴近现实的主题，使得摄影成为打击日寇、鼓舞人民的武器。

在长达14年的抗日战争中，中国的摄影家和摄影工作者不但背负着历史的重任，而且也同样经历着生与死的考验。其中许多人献出了自己年轻的生命。除了抗战中第一位牺牲的摄影记者方大曾外，牺牲在抗战中的摄影人还有雷烨、韩金生、何重生、赵烈、孙谦、杨振奎、孟振江、李光耀等人。他们和所有在抗日战争中牺牲的烈士一样永远值得后人怀念。

毛泽东曾说：“长期而又广大的抗日战争，是军事、政治、经济、文化各方面犬牙交错的战争，这是战争史上的奇观，中华民族的壮举，惊天动地的伟业。”而中国抗日战争时期的摄影就是这一惊天动地伟业的历史见证。

抗战摄影是在山河破碎、民族危机的特定环境下产生的，它的发展历程和当时的政治、战争形势息息相关，深深打上了那个烽火连天时代的烙印。同时，抗战摄影也是全民族抗战宏伟画卷的组成部分。从1931年九一八事变起，到1945年抗日战争结束，中国摄影人开始了抗日救亡摄影运动。这场波澜壮阔的运动，是中国摄影史乃至中国现代史上从未有过的壮丽的视觉奇观。大批的抗战摄影作品用纪实性的语言记录了民族战争时期中国社会的文化、政治和经济状况，日本帝国主义的暴行，被占领地区人们的悲惨命运，民族战士为保卫祖国而表现出来的英雄壮举。

这些摄影作品，表达战争、社会生活的主题。在作品的背后既有摄影人对国家、对民族的期望和对时代、对民族危机的思考，以及由此所产生出来的一种时代精神和民族使命感，同时还反映了民族主义觉醒与抗日救亡运动的兴起对他们的影响。正是因为有这样的深层次原因，这些摄影作品才能更贴近生活、更贴近现实。正是这些摄影作品，我们今天才有可能读出图像中的抗日战争。

伟大的抗日战争是中华民族一部雄浑悲壮的现代史诗，当时中国的摄影人无疑是这场史诗的吟唱者和见证者。他们在抗战时期的摄影业绩斐然，硕果累累。他们的作品像一幅幅壮丽的画，一首首昂扬的诗，一曲曲雄壮的歌，流淌着中华民族不屈的魂。

延安文艺座谈会推动文化抗战

抗战正酣的1942年，在延安杨家岭召开了一次对我国文学艺术产生深远影响的会议——延安文艺座谈会。这次会议中，毛泽东发表了《在延安文艺座谈会上的讲话》。胡乔木在其《胡乔木回忆毛泽东》一书中指出："'讲话'的根本精神，不但在历史上起了重大作用，指导了抗日战争后期到新中国成立期间解放区的文学创作和建国以后文学事业的发展，而且我们在今后任何时候都必须坚持。"这次会议的召开，对党的文艺政策的制定和文艺工作的健康发展产生了非常深远的影响，有力地推动了文化抗战。

抗战爆发后，全国各地大批文艺工作者奔赴延安和各敌后抗日根据地。他们运用美术、舞蹈、音乐、戏剧等各种形式，热情讴歌抗日根据地的对敌斗争，创作了一批优秀作品，极大地鼓舞了根据地军民的抗日斗争。

1936年11月，著名女作家丁玲，拿着宋庆龄赠送的350元，冲出国民党的牢笼，来到了陕北。毛主席问："你打算做什么?"丁玲毫不犹豫地答道："当红军!"于是她换上戎装、跃马扬鞭到了陇东前线，写下了歌颂彭德怀、左权将军的佳作。毛主席挥毫赠词："洞中开宴会，招待出牢人"，"昨天文小姐，今日武将军。"

诗人艾青、严辰，小说家罗烽、逮斐，画家张仃结伴化装来到延安。一个月路程冲破几十道关卡。艾青激动地讲：“我这个‘流浪儿子’，终于回到了‘娘’的怀抱!”张仃高兴地在地上打滚，亲吻着陕北的黄土地。

冼星海这个广东渔民的苦孩子也来到了延安。他认定“延安就是新中国的发祥地”，“那里有着无限的希望和光明”，延安窑洞暖、小米香，是最理想的施展才能的地方。

留法的“洋学生”陈学昭也来了。她说：“我们像暗夜迷途的小孩，寻找慈母的保护与扶持，投入了边区的胸怀!”从此，她成为延安唯一的文学博士。

众多名家，都怀着一个希望，选择一条道路——延安光明之路。继袁牧之、陈波儿之后，受尽凌辱的十分柔弱的女明星周璇，也曾多次联系去延安，可惜含恨未能成行。与贺绿汀同行的邹韬奋，不幸病逝在新四军开赴延安的途中。临终前，留下遗书请求党中央追认他为中共党员，并将骨灰运往延安。画家蔡若虹临到延安附近却被阻，只好绕道香港、河内、昆明，费时七个月才到达理想之地。舞蹈家吴晓邦及其夫人盛婕，背着没过满月的小女来到延安，为此他们给女儿起了一个意味深长的小名“安娘”。这个新生命的降生，也标志着他们夫妇新生活的开始。

文坛名将茅盾携妻带小也来到了延安。毛主席多次会见了这位阔别十多年的老朋友。诗人田间几次往返延安，放歌吐心曲：“党呵，母亲，你的儿女回来了。”“世界上哪有这样美的城市？我在这里喝一口水，都是甜滋滋的；我在这里抓一把土，都是香喷喷的。”

“割掉我肉还有筋，打断骨头还有心；只要我还有口气，爬也爬到延安城。”著名科学家、作家高士其来得比别人更为艰难。他因科学实验导致瘫痪，同样也来到延安。在一首《不能走路的人的呐喊》诗中，他豪迈地呼唤："哦，我是一个不能走路的人！不能走路，也来到延安，也要在路上助威呐喊：赶走日本鬼子，还我中国河山！"

为什么如此众多的专家学者、文艺青年，离开大城市跑到小山沟，不住楼房爱住土窑，不走柏油路喜欢爬陡坡，脱掉高跟鞋绑上麻草鞋，甚至走出课堂冲进战壕？这是因为理想、信念和意志给了他们力量。正像"狂飙诗人"柯仲平回答的："青年，中国青年！延安吃的小米饭，延安穿的麻草鞋，为什么你爱延安？""我们不怕走烂脚底板，也不怕路遇'九妖十八怪'，只怕吃不上延安的小米，不能到前方抗战；只怕取不上延安的经，不能变成最革命的青年！"大批文艺青年和红军中的文艺工作者汇聚延安，给文化抗战带来了生机盎然的新局面。

在延安，丁玲率先开赴前线领导西北战地服务团。毛主席在欢送晚会上鼓励他们："要用你们的笔，用你们的口与日本打仗。""从文的方面、武的方面夹攻日本帝国主义。"服务团凯旋后，周恩来副主席赞许说："丁玲等所组织的战地服务团，在前线艰苦奋斗，获得全国人民的称颂。"

随之出现的还有风靡陕北的"街头诗运动"。1938 年 8 月 7 日，延安"战地社""战歌社"成员纷纷走上街头，打出"街头诗运动"的条幅，发布《街头诗宣言》。宣言号召："有名氏、无名氏的诗人们，写吧——抗战的、民族的、大众的！唱吧——抗战的、民族的、大众的！"顿时，延安大街小巷，到处布满花花绿绿的街头诗。柯仲平、萧三、艾青、田间、公木、朱子奇、魏巍、高敏夫、鲁藜、侯唯动、张季纯都是街头诗的倡导者和参与者。诗人艾青主张"诗必须成为大众的精神教育工具，成为革命事业里的宣传与鼓动的武器”。听——“我的兄弟，我的爹娘，都惨死成一堆泥浆；我的田舍，我的家乡，也轰炸得一片精光。”“给我一支枪，我要上战场，国仇家恨千万桩，那个能够再忍让！”这些诗，能读的，读得有味；能听的，听得入神。为抗日风云添彩，为中华健儿画像，为神州大地助威。

当时的延安，又是一座歌的城——战斗的歌，团结的歌，劳动的歌；颂歌，凯歌，壮歌。这歌声，有“信天游”的高亢、悠扬，有“蓝花花”的深情、温馨，而更多的则是大地的激荡，黄河的怒涛。光未然、冼星海在延安窑洞里创作的《黄河大合唱》，就是其中最响亮的歌。它唱出了民族的苦难，也唱出了炎黄子孙的刚强。毛主席听后连连赞好。周副主席欣然命笔：“为抗战发出怒吼，为大众谱出呼声！”《黄河大合唱》从延安唱到全国，所有抗日战场，无不发出“怒吼吧，黄河”的战斗强音。

诗人公木和作曲家郑律成创作的《八路军大合唱》，是继《黄河大合唱》之后的又一力作。大合唱由八首歌组成，《八路军进行曲》是其中最拔尖、最受欢迎的一首。它那雄壮的旋律，刚健的节奏，伴随着进军的号令响遍全军。

◎ 毛泽东指明文艺方向

在经过充分的准备后，1942 年 5 月 2 日下午，在延安杨家岭中共中央办公厅楼下一间不大的会议室里，一百余位被邀请来的文艺界代表坐在长条板凳上，静候着毛泽东。毛主席一到会场，大家都自觉起立，由周扬介绍，毛泽东上前与他们一一握手。

▲延安文艺座谈会人员合影

在会议大厅里，大家静静地听着毛主席的讲话。主席颇有风趣地说：“我们有两支军队，一支是朱总司令的，一支是‘鲁总司令’的，即‘手里拿枪的军队’和‘文化的军队’。而文化军队是团结自己、战胜敌人必不可少的一支军队。”他指出，召开座谈会的目的是“研究文艺工作和一般革命工作的关系，求得革命文艺的正确发展，求得革命文艺对其他革命工作的更好的协助，借以打倒我们民族的敌人，完成民族解放的任务”。当谈到鲁迅“总司令”领导文化军队时，全场响起了掌声和笑声。接着毛主席提出立场、态度、对象、感情和学习等问题，供会议讨论。

毛泽东讲完之后，会议稍作休息，继续开会之后，大家发言讨论。开始有些冷场，台上看着台下，台下看着台上，一时没人愿意第一个讲话。毛泽东提议，请萧军第一个发言。丁玲马上附和着说：“萧军，你是学炮兵的，你就第一个开炮吧!”两句话一鼓动，萧军就从位子上站起来：“红莲、白藕、绿叶是一家；儒家、道家、释家也是一家；党内人士、非党人士、进步人士是一家；政治、军事、文艺也是一家。虽说是一家，但它们的辈分是平等的，谁也不能领导谁。”萧军没有谦让，滔滔不绝地讲了一通。接着又有几位同志谈了各自对当前文艺的看法。毛主席一边听着，一边不时地在纸上记着，时而微微点头，时而淡淡一笑，时而插上几句话。

5 月16 日，座谈会举行第二次会议。毛主席、朱总司令继续听取大家的发言。民众剧团团长柯仲平讲了他们下乡演出盛况，说群众看了演出送来许多慰劳品。他说：“我们就是演《小放牛》。你们瞧不起《小放牛》吗？老百姓都很喜欢。你们要找我们剧团怎么找呢？你们只要顺着鸡蛋壳、花生壳、水果皮、红枣核多的道路走就可以找到。”与会代表都笑了，毛主席也笑了。不过毛主席讲：“你们如果老是《小放牛》，就没有鸡蛋吃了。”从晋西北前线归来的战斗剧社社长欧阳山尊发言说：“战士和老百姓对于文艺工作者的要求是很多的，他们要你唱歌，要你演戏，要你画漫画，要你写文章，并且还要求你教会他们干这些。看起来似乎你付出去的很多，但事实上，你从他们身上收到的、学到的东西更多。”他还说：“前方的战士和老百姓很需要文艺活动，这样多的文艺干部，留在后方干什么？大家都上前线去吧，我举双手欢迎!”毛主席十分赞赏他的发言，说还是前方来的同志了解情况，熟悉群众，提出了很好的意见。

5 月23 日，座谈会举行最后一次会议。晚上，三根木棍悬起一盏汽灯，照得会议厅前一片通明。朱总司令首先讲话。他针对有人提出要做中国第一作家、世界第一作家；鲁迅一直是革命的，没有什么转变；鲁迅从来不写歌功颂德的文章等观点提出批评。朱总司令说："不要眼睛太高，要看得起工农兵。中国第一也好，世界第一也好，都不能自己封，都要由工农兵群众批准。"关于转变问题，他说："岂但有转变，而且是投降。"并以自己的经历说道："我是一个从旧军队出身的人。我就是投降共产党的。我认为共产党好，只有共产党才能救中国。我到上海找党，没有解决参加党的问题。后来到德国，才入了党。我投降无产阶级，并不是想来当总司令。后来打仗多了，为无产阶级做事久了，大家看我干得还可以，才推我当总司令的。"他又说："共产党、八路军，就是有功有德，为什么不该歌、不该颂呢？"

最后，毛主席作"结论"，他说："座谈会开了三次，开得很好。可惜座位太少了，下次多做几把椅子，请你们来坐。我对文艺是小学生，是门外汉，向同志们学习了很多。前两次是我出题目，大家做文章。今天是考我一考。大家出题目，要我做文章，题目就叫'结论'。朱总司令讲得很好，他已经作了结论。中央的意见是一致的。有些问题我再讲一点。"毛主席针对延安文艺界的现状和争论，联系五四以来革命文艺运动的经验，从马克思主义理论的高度，明确地解决了文艺工作的方向问题、道路问题。他给文艺工作者提出了明确的任务："抗日战争爆发以后，革命的文艺工作者来到延安和各个抗日根据地的多起来了，这是很好的事。但是到了根据地，并不是说就已经和根据地的人民群众完全结合了。我们要把革命工作向前推进，就要使这两者完全结合起来。我们今天开会，就是要使文艺很好地成为整个革命机器的一个组成部分，作为团结人民、教育人民、打击敌人、消灭敌人的有力武器，帮助人民同心同德地和敌人作斗争。"

▲毛泽东、朱德等与参加延安文艺座谈会的同志合影

毛泽东的《在延安文艺座谈会上的讲话》，1943 年 10 月 19 日在《解放日报》全文发表。

为了贯彻文艺座谈会的精神，1942 年 7 月，陕甘宁边区政府文化工作委员会举行会议，决定文艺工作者应该有组织地到部队去，各协会会刊应该以反映工农兵生活的作品为主要内容，并要抓紧创作以边区现实为题材的剧本。

▲毛泽东《在延安文艺座谈会上的讲话》

文艺工作者会议之后，作家们纷纷下乡。萧三、艾青、塞克赴南泥湾了解部队情况，陈荒煤赴延安县工作；刘白羽、陈学昭下农村与连队，高原去陇东等地，柳青去米脂县吕家俭乡；丁玲到工厂。鲁艺、边艺、部艺、平剧院、民众剧团、西北文工团、联政宣传队等也纷纷奔赴农村与前线。

随着解放区最困难时期的过去，延安文艺座谈会精神的贯彻，作家们深入实地，深入生活，陕甘宁边区和各抗日根据地的新文艺运动进入一个新阶段，革命文艺呈现繁荣昌盛的局面。许多农村建立了俱乐部、业余剧团，结合农村特点开展小型多样的文艺演出活动和文艺创作活动，紧密配合党的中心工作和现实斗争，表现农村的新生活和新人物。部队文艺活动和文艺创作也很活跃，戏剧、诗歌，特别是快板、枪杆诗，对练兵、行军、打仗都起了有力的宣传和鼓动作用。

广大专业文艺工作者走向社会，深入工农兵，学习民间艺术，经过一段时间的生活体验，比较熟悉了群众的语言和老百姓喜闻乐见的艺术形式，创作出崭新的作品，涌现出一批表现新题材、新主题、新人物的新型小说。

赵树理 1943 年创作的《小二黑结婚》和《李有才板话》，被誉为解放区新文艺的代表作。茅盾称赞《李有才板话》“是一部新形式的小说”。赵树理又在 1944 年、1945 年写了《孟祥英翻身》《李家庄的变迁》和其他的中、短篇小说，成为解放区最有代表性的作家之一。

同一时期，邵子南的《地雷阵》，描写爆破英雄李勇创造“地雷战”的事迹，表现一个普通农民在战争中锻炼成长；华山的《鸡毛信》、管桦的《雨来没有死》，描写根据地儿童参加抗日斗争；刘白羽的《政治委员》《无敌三勇士》，表现部队生活和战斗中的英雄人物；马烽、西戎合写的章回体长篇小说《吕梁英雄传》，描写晋绥边区民兵英雄对敌斗争的事迹；柯蓝的章回体通俗小说《洋铁桶的故事》，写了农民在八路军支持下出生入死与日寇汉奸英勇战斗的故事。欧阳山于 1941 年到延安，深入陕北农村，创作了《高干大》，写互助合作运动，把 20 世纪 40 年代农村经济战线的思想斗争写得相当深刻。柳青于 1943 年去米脂县当乡政府文书，深入基层，熟悉陕北农民的生活，1947 年完成《种谷记》，写了 1943 年陕北王家沟发展生产、组织变工种谷的故事。

此外还有其他抗日根据地作家的创作，如秦兆阳、杨朔、峻青、孙犁、王若望的短篇小说，题材十分广泛，写农村减租减息的斗争，写农民翻身的喜悦，写农村的社会改革。在此基础上，产生了丁玲的《太阳照在桑干河上》、周立波的《暴风骤雨》等著名长篇小说。这些表现重大题材的优秀长篇小说，到解放战争时期才问世。

◎ 大众化戏剧与民歌

延安文艺座谈会之后，边区的戏剧有了突破性的发展。

敲响延安文艺运动第一声锣鼓的是大秧歌运动。1943 年春节，鲁艺、部队艺术干部、中央党校、西北文工团等，在延安组织了大规模的秧歌。秧歌是流行于陕北民间的一种艺术形式。秧歌又说又唱，载歌载舞，最能表现欢乐活泼的生活气氛。抗战爆发后，陕甘宁边区的文艺工作者利用秧歌宣传抗日。“西战团”由陕北到山西，秧歌是他们经常采用的宣传形式。文艺座谈会后，陕甘宁边区，特别是延安，掀起了新秧歌热潮，几乎无人不会扭秧歌。1943 年春节，鲁艺文工团演出的由王大化、李波、路由合写的《兄妹开荒》，成功地运用了边歌边舞的秧歌形式，生动地表现了边区热气腾腾的大生产运动。

毛主席、周副主席、朱总司令等中央领导人观看了《兄妹开荒》的演出，无不感到耳目一新。毛主席说：“像个为工农兵服务的样子。”朱总司令说：“不错，今年的节目和往年大不同了。革命的文艺创作就是要密切结合政治运动和生产斗争啊！”

▲《兄妹开荒》剧照

1944年春节，新秧歌演出达到了高潮。延安组织了27个业余秧歌队，表演了150多个节目。秧歌剧、秧歌舞，配合花鼓、旱船、高跷、高台等，延安城热火朝天。1944年上半年，陕甘宁边区表演秧歌的业余组织发展到360多个。

1955年，歌剧《白毛女》引起巨大反响，成为中国歌剧发展史上的一个里程碑。这个由诗人邵子南写出诗剧初稿，后在集体讨论的基础上，重新由贺敬之、丁毅执笔，马可、张鲁、瞿维、李焕之、向隅、陈紫、刘炽等作曲的歌剧，作为向党的七大献礼节目，标志着作家深入生活的重大收获。同年6月10日，毛泽东和全体中共中央委员以及出席中共七大的代表，观看了《白毛女》的专场演出。当演到喜儿被救出山洞，后台唱起了“太阳出来啰……旧社会把人逼成鬼，新社会把鬼变成人”的歌声时，毛泽东和全体观众起立，长时间鼓掌。

《白毛女》在延安演出30多场，并迅速从延安传到了各抗日根据地，风靡整个解放区。当年9月7日《解放日报》一则消息，报道《白毛女》在农村演出时的情景："每次观众都达三四千人，很多农民跑十多里来看戏……房上、墙上、大树上都站满了人。每次演出观众大多落泪，每演到最后一场斗争黄世仁时，台下喊打声不绝……很多农民说，'这个戏为我们说出了穷人的心里话！'"《白毛女》在解放战争和土地改革运动中发挥了巨大感召力，这在中国现代文学史上是空前的。

《白毛女》的成功带动了许多新歌剧的出现。短短三四年间，解放区的作家和群众相继创作出好几部大型新歌剧，其中影响较大的由阮章竞创作的《赤叶河》、傅铎创作的《王秀鸾》等。这几部歌剧都以农村妇女为主角，倾诉了她们在旧社会的深重苦难，歌颂她们为创造新生活所进行的英勇斗争。

在创作新秧歌的同时，对传统戏曲平剧的改革也取得了可喜的成绩。1939年鲁艺成立了平剧研究团。后来这个团与120师的战斗平剧社合并，于1942年10月成立延安平剧研究院，并出版《延安平剧研究院成立特刊》，毛泽东为特刊题词："推陈出新。"朱德题词："宣扬中华民族四千余年的历史光荣传统。"林伯渠题词："通过平剧使民族形式与革命精神配合起来。"

接着，平剧院又在1944年集体创作了《三打祝家庄》。此剧也是根据《水浒传》故事改编的，表现了在战争中要依靠群众、调查研究、分化敌人、里应外合才能取胜的道理。毛泽东、朱德看了该剧后写信向作者、导演和演员祝贺，说看了你们的戏，觉得很好，很有教育意义。

作家马健翎在改革秦腔、创造新型民族歌剧方面，作出了优异成绩，其代表作是写于1943年的《血泪仇》。此剧和他在

1947 年创作的《穷人恨》，都是表现新旧社会对比，为穷苦人诉苦，同时表现他们翻身后的快乐。

从《兄妹开荒》等短小精悍、及时反映现实生活的小型秧歌剧，到《白毛女》等大型民族新歌剧的诞生，以及对古老的传统戏曲的改革，话剧进入农村，所有这些，共同形成了边区戏剧运动的蓬蓬勃勃的景象。

在延安文艺座谈会之后，边区掀起了大众化的诗歌运动。一方面，工农兵群众在解放区的自由天地里，放声歌唱新时代和新生活；另一方面，深入实地生活的诗人们，向民歌、民谣学习，创作出许多为广大群众喜闻乐见的新诗歌。

农民李有源、李增正创作的《东方红》，以真挚的感情、民歌的形式和比兴的手法，热情歌颂共产党和人民领袖毛泽东。《绣金匾》《翻身道情》《十二月唱革命》等优秀民歌，尽情抒发了广大群众对党、对领袖和对人民军队的无比热爱。

萧三、艾青、贺敬之、魏巍等诗人，也采用民歌形式写了不少反映革命战争、赞颂共产党、描写战斗英雄的诗歌，为推进新诗的大众化和民族化作了很大努力。年轻诗人李季，1945 年写成了叙事长诗《王贵与李香香》，以优美的故事和陕北人民熟悉的“信天游”形式，吸引了广大读者。

田间初到陕北和华北，曾致力于街头诗的倡导和创作。文艺座谈会后，他更明确了努力方向，在深入生活中，创作了歌颂八路军将领的五首名将录。1943 年又发表叙事长诗《戎冠秀》，抒写了子弟兵母亲戎冠秀的光辉一生，在艺术表现上进一步向大众化、民族化的方向靠近。

文艺座谈会召开后，报告文学又有新的发展。丁玲的散文报告集《陕北风光》，描写了陕北根据地的新人新事，其中的《田保霖》描写边区特等劳模田保霖的成长过程。毛泽东为此写信给丁玲，说这是她写工农兵的开始，为她的新文学道路祝贺。1944 年丁玲写的长篇报告《一二九师与晋冀鲁豫边区》，全文 11 章，写出了晋冀鲁豫根据地的创建、发展的艰苦卓绝的过程和边区军民惊天动地的英雄气概。吴伯箫的《黑红点》通讯专集中的许多文章，反映了边区人民对敌斗争的英勇和大生产运动的盛况。马烽的《张初元的故事》，写了一个从普通农民成长起来的先进人物。黄既的《关向应同志在病中》，写了关向应对革命事业的高度责任感和鞠躬尽瘁的高贵品德。周而复的《诺尔曼·白求恩片段》以具体感人的事实刻画了这位伟大的无产阶级国际主义战士的形象。

▲抗战时期的丁玲

与此同时，一百多位美术家、音乐家的作品，也给延安文艺园地带来了百花争妍的新局面。郭沫若惊喜写道：“我完全陶醉了”，“这是一个新的时代，新的天地，新的世纪。”“在人民翻身的时候，同时也就是文艺翻身的时候。”徐悲鸿说：“新中国的艺术必将以陕北解放区为始。”

延安文艺座谈会的召开，为中国文艺创建了新观念，确立了新格局，在客观上推动了文艺启蒙作用的实现，实现了中国现代文化的转型。从此，在马列主义、毛泽东思想指引下的中国革命文艺不断出现新的高潮。不仅在战争年代，而且在新中国成立以来，都指引着中国革命文艺的方向，成为照耀革命文艺家前进的一座灯塔，指引着文化抗战进入了一个新阶段。

上海“孤岛”的文化抗战

在中国上海，有一段相当特殊的历史时期，这就是1937年11月至1941年太平洋战争爆发的“孤岛”岁月。

1937年8月13日，淞沪会战打响了。11月12日，中国军队放弃上海，向西撤退，日本侵略军占领了闸北、南市、虹口、浦东和杨树浦等大多数地方，只有英租界和法租界还没有被占领。英法租界处于日军的包围之中，像汪洋之中的一座孤岛。由于英法租界享有特权，在日本没有向英美等国宣战的情况下，上海文化在这里顽强地生存着。处于被日本侵略者四面包围的上海，利用租界里复杂的条件，仍然持续着文化的相对繁荣。这就是上海在特殊年代所出现的“孤岛现象”。

“孤岛”时期的上海，政治环境极其错综复杂。在“孤岛”里，英法租界虽处在日本势力的包围之中，但由于英法与日本等国之间存在矛盾，所以在中日两国之间基本保持“中立”的态度。只要没有和日本宣战，英法租界里的事务日本不能直接插手，而必须通过租界当局处理。就在这样的情况下，“孤岛”中的进步文化人士就有了开展抗日救亡文化运动的条件。但在这样的环境中，救亡运动的开展实属不易。日本侵略者和汉奸不容许上海人民有思想和言论的自由，对于在上海开展抗日爱国运动，千方百计加以阻挠。他们一方面施加压力给租界当局，另一方面采取威胁、恐吓等各种恐怖手段迫害和威胁中国的爱国人士，暗杀、逮捕、绑架等事件经常发生。但上海有数百万不愿做亡国奴、热爱祖国、抗日情绪高涨的人民。在他们积极努力和支持下，一批爱国进步的文化工作者在艰难中依然继续开展各种救亡运动，用智慧和勇敢与日寇进行斗争。

在这个时期，文化为抗战服务的宗旨是激励文化工作者开展活动的动力。他们冒着各种危险，克服各种阻碍，利用各种文化阵地，在“孤岛”复杂而险恶的环境下创造了“孤岛”文化。

◎ 文化的复苏

进入“孤岛”初期的上海文化，伴随着上海失陷后的动荡与紊乱，一下从高峰跌入谷底，抗战期间上海开展的文化救亡运动突然沉寂下来。这样的骤变首先是战争形势造成的结果。要恢复轰轰烈烈的文化救亡运动需要一个相应的适应阶段和调整的过程。从“孤岛”形成后的各方面情况来看，打破沉寂的条件是具备的。

首先，在相对“独立”的租界内，日军不能直接插手租界的事务，从事抗日救亡活动的环境就相对宽松一些，这样就有利于文化运动的开展。再从整个“孤岛”时期来看，虽然上海文化界的实力受到文人撤离的影响比较大，但坚持在上海作斗争和由外地迁返回上海的文化人士仍然不少。这些活跃在文化界且具有强烈民族意识和文化救亡经历的人，为“孤岛”文化打破沉寂、走向繁荣奠定了基础。还有一部分条件是“孤岛”内各种势力之间的相互斗争，其复杂性也给文化复苏提供了机遇。租界里有中国共产党的力量、英美法租界当局、国民党的力量、日本帝国主义势力和汪伪集团。这些势力复杂的斗争与“孤岛”文化的复苏存在某种联系。一方面，增加了斗争的难度，使文化人士开展活动受到严重束缚；另一方面，特殊的条件又带来了一定的现实可能性。

首先，文学创作的复苏打破了文化沉寂的现象。上海沦陷后不久，日本侵略者就在租界设立了新闻检查所，中国报纸必须被迫接受检查，不然强迫停刊。很多报刊自动停刊，有的转移到香港出版。这就使上海的爱国抗日宣传受到了严重的影响，对组织上海民众投入到抗日斗争极其不利。但作为国际大都市的上海，是中国与国际社会交流非常重要的窗口，新闻宣传活动尤其如此。为此，根据党中央的指示，大批的共产党员转入地下，千方百计开辟新的抗日宣传阵地。广大的新闻工作者在共产党的领导和影响下，利用外国商人的名义，创办了一批中文的抗日报刊。担任这些报刊发行人的都是外国商人，用这样的办法可以避免日军对报刊的检查，确保抗日宣传稳步进行。

最早出版的是 1937 年 12 月 9 日，由夏衍、梅益等创办的纯翻译性报刊——《译报》，稿件的内容都是来自外国的报刊和通讯社，有目的、有选择地译载有利于宣传抗战的材料。其中有暴露日军弱点的消息，有宣传中国共产党有关抗战的主张和政策，有对战事的报道和分析，有分析国际形势的专论。《译报》出版后，立刻受到广大读者的欢迎，发行量很大。但就在该报仅发行 12 期后，《译报》鲜明的抗日立场，就引起了日寇的注意，随即进行破坏和查封，并勾结租界当局迫使其停刊。

譯報

歷史上空前的大會戰

首都四郊在血戰中

日佔紫金山不確

四郊煙霧冲天

每日

譯報

General News (新聞版)

▲《译报》

《译报》被迫停刊后，请了一位英国人做发行人兼总编辑，挂英商招牌继续出版发行。1938 年 1 月 21 日，《译报》改名《每日译报》，仍像《译报》一样，以译稿为主。但不同的是，它不仅刊登译文，还有自己编写的一些栏目、社论、新闻和专稿，并从其他重要报刊中转载文章，扩大和加强宣传的内容，深受读者的欢迎。

与《每日译报》几乎同时发刊的还有《文汇报》。该报是 1938 年 1 月 25 日，由严宝礼、胡雄飞等人共同发起创办。《文汇报》也效仿《每日译报》的办法，请了一位英国人克明做董事长兼总主笔，实际负责报馆经营工作的是总经理严宝礼。《文汇报》在“孤岛”时期共出版发行了 477 号，其中有报道真实抗战的消息，有大力揭发和抨击汉奸卖国贼罪行的内容，有向读者介绍延安生活，介绍抗日军政大学、鲁迅艺术学院、陕北公学的详细情况。这些内容都对上海青年奔赴延安，指引他们向往革命，起了积极的作用。1939 年 5 月 18 日，因挂牌的英国商人被汪伪派所收买，《每日译报》和《文汇报》一起接到英国领事馆的通知，被勒令停刊。虽然报刊的出版发行受到百般阻挠，但战斗在新闻战线上的爱国人士，冲破重重障碍，陆陆续续创办了各种各样的报纸和杂志。据不完全统计，在孤岛时期的上海，先后出版的各种报纸有 50 种左右，各种刊物多达二三百种。

报纸、刊物的活跃唤醒了大批文学创作者，他们开始了关于文学创作和文学理论的研讨、外国文学的翻译、国内文学动态的报道、文学思想的争论，等等。在作家们的参与下，“孤岛”文化界又活跃和发展起来了。

首先恢复创作生机的是杂文。杂文是一种直接、迅速反映社会事变或动向的议论文章。杂文篇幅短小，能迅速反映现实社会中的各种矛盾、斗争以及人们思想观念的变化。在对日斗争中，杂文是战斗的利器，在“孤岛”这一特殊历史时期格外兴盛。杂文作家们密切关注与抗战有关的一切重大事件和思想，号召民众团结一心坚持抗日，揭露和谴责日本侵略者的罪行，反对卖国投降，表达政治见解等，这些都能够及时在杂文作品中反映出来。一大批爱国文人不论是之前擅长还是不擅长写杂文，都积极参与、关注杂文的写作。如王任叔、唐弢、柯灵、周木斋、巴金、王元化、陈汝惠等，他们都

▲王任叔

在杂文写作中表现出了极大的热情。王任叔是其中创作数量最多、社会影响最大的杂文作家。

1937 年，王任叔任上海文化界救亡协会秘书长，主要从事写作和抗日活动，先后编辑《每日译报》《译报周刊》《译报副刊》“大家谈”和《申报》副刊“自由谈”，并与许广平共同主持《鲁迅全集》编辑工作，是留在租界“孤岛”内坚持斗争的卓具胆识的进步文艺家。王任叔以写杂文为主，其杂文文风犀利，思想深刻，在平白通俗的文字中透出直面世风人生的战斗精神，主要作品收入在《边鼓集》《横眉集》《生活·思索·学习》中。

创作风格接近鲁迅的唐弢，1933 年开始在《申报·自由谈》发表散文和杂文。在上海“孤岛”时期，唐弢一直在他的杂文创作中，抗争现实、鼓舞斗志，作品充分发挥了杂文“匕首”和“投枪”的作用，文章内容含义深远，机锋锐利。他的杂文通过形象的创造，巧妙地将文章的议论和批判的问题具体化和生动化，注重在杂文的艺术内涵里注入浓烈的诗情。作品除收入《边鼓集》《横眉集》外，还有自己的三本杂文集《投影集》《短长书》《劳薪集》。唐弢也成了这个时期杂文创作数量较多，艺术成就较高，影响较大的杂文大家。

除此之外，还有一些参与杂文创作的作家，如柯灵、周木斋、周梨庵、阿英、巴金、陈汝惠等。杂文创作队伍的庞大，文章的大量涌现，使上海文坛呈现出生机勃勃的景象，堪称带动上海“孤岛”时期日渐繁荣的前驱，而杂文起到的“投枪”和“匕首”的作用，更是其他文学形式所不能取代的。

除了杂文创作，许多作家也运用小说、散文、诗歌等形式围绕抗战现实进行创作。

◎ 小说与散文

“孤岛”时期，小说的创作开始摆脱内容相对单一的缺憾，多方位反映复杂纷繁的社会现状和人情世态。作品的内容更为丰富，切入的角度更为深沉，表现的手法也更为成熟。

这一时期有一位堪称上海最为出色的女作家——罗洪。她的作品以歌颂抗战爱国、鞭挞卖国害民为主要内容。描写细致入微，善于渲染气氛是罗洪创作小说的一大特点。情节紧凑，语言生动也使她的小说读来富有韵味。代表作品《雪夜》描写了“孤岛”富有血气的爱国青年刺杀汉奸的一次神秘行动。小说一开始就营造了一种凄凉而又带有些乖戾的气氛，它让你真切地感受到被侵略者践踏着的这块土地上，人们的生活是如何面目全非，却又不得不忍气吞声，其作品主题深刻而耐人寻味。

“孤岛”时期比较有影响的短篇小说还有钟望阳的《籽》，作品描写一个年轻女性不幸遭受日寇的强奸，又不幸地生下小生命后所遭受到的更为可怕的境遇，字里行间浸透了对侵略者的强烈的控诉和愤慨。林淡秋的《复活》，描写了一个受生活的重压变得有点萎缩的小人物最终在抗击侵略者的战场上得到复活的一生。武桂芳的《凶手》，描写市民自发抵制日货。王统照的《华亭鹤》，描写正直爱国的父亲与热爱父亲却出卖祖国的儿子之间强烈的矛盾冲突。这些林林总总的社会现象，在诸多小说中得到细微的刻画，体现了“孤岛”时期上海作家的民族责任感。

“孤岛”时期除短篇小说获得比较大的成果外，也出现不少有影响的长篇。谷斯范的《新水浒》是抗战时期最早出现的描写中国民众自发组织抗敌武装队伍的长篇作品。作品以中国古代章回小说的手法，令人信服地写出了一支抗日武装从

“游击队”到真正合格的抗日“游击队”的成长过程，并成功地刻画了几种不同性格的人物形象。这部作品一出来，就引起了广大读者的注意，茅盾还专门写了《关于“新水浒”——一部利用旧形式的长篇小说》给予评论，除了对主题、人物作了肯定外，还特别指出作品在形式上的成就与不足：“这本书在利用旧形式的实践过程中，将是一部值得纪念的作品，它的成功与失败之处，将是最宝贵的经验与借鉴。”

程造之的《地下》和《沃野》是两个有连续性的长篇。《地下》完成于 1938 年，出版于 1940 年。描写的是通海一带的农民自发组织游击队与日军周旋，经过艰苦努力队伍逐渐壮大，却因出了内奸而几乎全军覆灭的过程。在《地下·序》中，著名文学批评家巴人对作品充满了赞誉：“虽然这作品不一定就是算得伟大，但我们总算有了比较结实的巨著了”，“作者有他非常智慧的笔，但也有他非常残忍的笔。写自然与习风，婉约而妥帖，叫人感到一种难说的喜悦，写战争与屠杀，可叫人毛发森然，不忍卒读了。这作品给我的，没有苦重

▲程造之《沃野》

之感，是一种新生的清新的喜悦……”1940 年，程造之接受巴人的建议一度赴苏北抗日根据地深入生活，回来后完成了《沃野》。这部长篇小说描写的是农民游击队在斗争中逐渐成熟、终于成为强有力的抗日武装队伍的故事，同时它还以严峻的写实手法，揭露了敌伪势力的残暴行径，表现出更为广阔、更为真实的生活画面，也表明了民族解放事业的艰巨性。

“孤岛”时期，也有以抗战为主要表现题材的长篇小说，如周楞伽描写青年知识分子投身抗日救亡的《烽火中》《年轻的一代》，胡山源描写抗日游击队的《王家巷》，王任叔揭露、鞭挞名为抗战实为投机的反动分子《超然先生列传》，阿英的长篇《建国儿女英雄传》，钟望阳的儿童长篇读物《安利》《小癞痢》，包天笑展望抗战胜利的长篇《雨过天晴》等。《雨过天晴》是一部很有特点的小说，它以幻想的手笔描写了抗战胜利后中国社会的新景象，表现出对中国抗战必胜的信念，对当时的国人是一个很大的鼓舞。

这一时期的长篇小说还出现了以抗战现实以外的社会生活为题材的，如巴金的《春》和《秋》，芦焚的《马兰》，秦瘦鸥的《秋海棠》，徐訏的《吉普赛的诱惑》和《精神病患者的悲歌》等。其中，《春》和《秋》与巴金早先创作的《家》构成中国现代文学史上著名的“激流三部曲”，《春》和《秋》也成为“孤岛”小说创作最值得骄傲的成绩之一。《秋海棠》则不仅是“孤岛”时期社会反响最大的通俗文学作品，即便从现代文学的角度来看，也是通俗文学中最有影响的作品之一。《吉普赛的诱惑》和《精神病患者的悲歌》是“孤岛”时期以“现代派”手法写成的小说，心理描写细腻，富于哲理和丰富的意象，大量的象征使它们成为风格独特的作品。这些作品反映了复杂的现实生活，丰富了“孤岛”时期的小说创作，对中国文学在抗战的烽火中得以延续和发展，起到了重要的作用。

“孤岛”时期，散文的创作，真实地记录了侵略战争给人民带来的苦难。这一时期的散文同其他文学形式一样，关注着抗战的历史风云。柯灵曾说：“我以杂文的形式驱遣愤怒，而以散文的形式抒发忧郁。”

灵犀的《逃难者》叙述了日军轰炸上海的南市后，市民们在极度恐慌与混乱中逃难的情景。在华界与租界的交界区，作者站了四十五分钟，亲眼看见了“一大队形容枯槁，衣衫褴褛的市民，从华界涌到租界，每一个逃难者，都挤得汗流脸红……在脸上露出一丝苦笑”；当这些以为自己已逃到了安全地带的人们感到无限庆幸的时候，作者却感到“一阵悲哀，已袭上了我的心头”，因为对危险的恐惧使他们暂时忘却了将怎样面对今后的生活，而这正是他们马上就要面临的又一个恐慌！正如岳彬在《血的图画》中所说的“他们逃出了‘死’的界限，在前面，生活的箭又向着他们射来”。芦焚的《遗孑》描述了由于战争而失去父母或与家人失散的儿童的悲惨遭遇：“一千九百三十七年十二月十七日上海《大美晚报晨刊》有一条消息，自南市陷落以后，南市的普育堂即陷于四面包围之中，日寇在墙外日夜叫嚣呼喊。这里并没有枪械，没有武器，甚至没有一个成年的男子，他们喊着‘女人，女人！’因此她们要求教会将她们撤入租界。你曾想到过世界上还有比这更可怕，更悲惨，更令人愤怒的事吗？那里收养着一百多婴儿，报上说他们是连路都不会走的。他们啼哭着，跌爬着，——在地上跌爬着，最后他们活活在无人闻问中全部饿死。”“孤岛”时期的散文作者们与自己的祖国和同胞同呼吸共命运，他们的感情的脉搏始终与民族的利益跳动在一起。

当时的散文，反映中国人民积极支持抗战，舍小家为国家也是其中一大主题。女作家吴桂芳的散文《献金》描写了一名叫娟娟的姑娘为抗战前线募捐的过程。娟娟的伙伴们有捐薪水的，有捐车费的，但娟娟没有钱，于是想到了男友参加战地服务团临走前送给她的金项链。犹豫，舍不得，但最终救国之心战胜了它们，娟娟捐出了一个女孩最心爱的东西，实际上是献给祖国最宝贵的爱国之心。吴桂芳的另一篇散文《冲出了家庭》也描写了类似的主题，表现出蕴藏在普通百姓身上的强烈的爱国之情。另一位女作家罗洪的《期待着第一声枪响》，以期待和激昂的情绪记录了人们希望听见和听见了第一声枪响以后的激动和兴奋。作者的父亲在战前选中上海的南市，花费20多万的资本筹备建一个布厂。抗战的第一枪打响之后，来不及撤出的工厂设备就只能准备牺牲了，但是在文中我们看不到任何因家产受到损失而有的抱怨，相反的倒是因政府打响了抵抗的第一枪之后而有的“振奋得跳了起来”的雀跃。从中可以看到，千年古训“天下兴亡，匹夫有责”是如何地深入人心。

除此之外，表现中国人面对强暴毫不屈服，并以抒情的手法赞美爱国抗日民族英雄代表的作品也大量涌现。比较有代表性的如仲衡的《竹》，丰子恺的《中国像棵大树》，杨刚的《星》，何为的《江边》等。《竹》通过日军想以烧光、砍光大片竹林来搜寻抗日游击队，而竹子却是经过严冬后的春雨滋润又会蔚然成林的寓意，来表明任凭侵略者烧杀抢掠，中国人民会像春风吹又生的竹子一样，生生不息地抵抗下去，直至把侵略者消灭干净。远在广西执教的丰子恺所写的《中国像棵大树》，通过一篇名为《摧残了的生命》短文联想到所看见的被砍去了一半的大树，春来又抽出新芽，深切地感到这大树是中华民族生命的象征，无论现在如何危难，都会继续生存下去的。杨刚的《星》以优美的笔调描写了宇宙当中灿烂明丽的星，然后又以此来衬托我们民族当中的千万颗经受了抗战洗礼的黑暗中的星星。何为的《江边》感情低沉带有些许伤感。他表现了即将奔赴征途的年轻人与不知情的女友分手时的复杂情感：忧郁、无奈、依依不舍而又坚毅、果敢、义无反顾。文章表明中华民族并不好战，他们热爱和平，眷恋亲人，唯其如此才愈发衬托出了蕴藏在这个民族血液中的韧劲与伟力。

“孤岛”时期，新诗的创作与小说、散文、杂文等文学形式相比，总体上处于低迷阶段，相对而言，比较有影响的是“行列社”及其属下的一批诗人所创作的抗日爱国新诗。其中比较有代表性的作品有：锡金的《晴空》《给戏剧家》《米价》，朱维基的《春的在望》《粮食》《路倒尸》，白曙的《台儿庄》《红堡垒》，关露的《二万五千里》，辛劳的《自由》《五月的黄昏》《捧血者》，石灵的《火》《我歌唱黑暗》等。“行列社”为“孤岛”时期的新诗创作作出了贡献，“行列社”也是整个抗战时期上海文坛上不容忽视的一个文学团体。

◎ 戏剧与电影

“孤岛”时期，上海的戏剧运动也十分活跃。全面抗战爆发以后，全国大批的戏剧创作和演出人才都聚集上海。“上海文化界救亡协会”所属的“戏剧界救亡协会”组织了十几个救亡演剧队，冼星海、袁牧之、宋之的等许多文艺界的名人都参加了演剧队。淞沪会战爆发后，遵照周恩来的指示，组织演出队分南北各条路线出发到内地，到前线和后方，深入群众做演剧宣传工作，仅留第十二队在上海。这第十二队的成员，大多是有各种原因暂时不能离开上海的，同时党中央考虑到上海也要留些人搞戏剧工作，而这些人也比较合适，所以决定把这个队继续留在上海。在上海成为“孤岛”后，这些留下的戏剧工作者兵分两路，一路由于伶负责，联系专业性的大剧团，成为职业性剧团，被称为“大剧场”；一路由殷扬领导的，专门开展业余演剧活动，被称作“小剧场”。这两个剧场相互配合：“大剧场”团结了许多戏剧专家，“小剧场”联络了大批的年轻戏剧工作者和爱好者，共同坚守上海人民抗战的精神防线。

在极为困难的环境中，1937 年 12 月，负责专业剧团工作的文委委员于伶会同留沪的戏剧家阿英、欧阳予倩、许幸之、李伯龙、包可华等人，迅速召集起救亡演剧队第十二队、第十三队的留沪人员，组成青鸟剧社。“青鸟”之名，取自梅特林克的象征剧《青鸟》，意为不屈不挠追求幸福自由。1938 年元旦，青鸟剧社上演《雷雨》和《日出》两个剧目，轰动了“孤岛”上海。剧目体现的反封建和向往光明、追求自由的主题，在观众中引起强烈反响。此后，青鸟剧社还演出了于伶编剧的《女子公寓》、阿英的《不夜城》、田鲁改编的《衣锦荣归》和奥斯特洛夫斯基的名剧《大雷雨》等，成为“孤岛”初期具有艺术性质的但却有鲜明抗日倾向的文化团体。但后来因剧社内部出现问题，青鸟剧社于 10 月解散。

▲于伶

上海剧艺社也是“孤岛”时期的主要文化团体。1938 年 7 月，于伶与几位戏剧家商讨，决定以青鸟剧社中原演剧十二队的骨干为核心，组建上海艺术剧院，并上演了两场戏。但因为没有通过法租界公董局的立案登记，遭到公董局的非难，下令不准该社在法租界演出，否则将驱逐出境。于伶等人为坚持继续斗争，便吸取教训，想方设法与洋商接触，以中法文化交流的名义，在中法联谊会戏剧组下设立了一个专业剧社——上海剧艺社，表明“研究戏剧艺术，创建戏剧事业，发扬戏剧文化”的宗旨。所以，登记注册，顺利地得到法租界当局的允准。7 月17 日，上海剧艺社正式成立，剧社社长由中法联谊会会长、法租界华董、国民党党员赵志游担任，但赵志游只是挂名，实际负责人是名义上担任剧艺社社委会秘书的于伶。剧艺社利用在法租界的合法地位，精心策划各类剧目，既通过演出一些戏剧，宣传民族意识和爱国主义精神，鼓舞人民的抗战热情，又注意保护自己，尽可能不让租界当局找到碴子。中共江苏省委和文委一再叮嘱他们，一定要注意隐蔽，不要图痛快演革命戏，反而引来敌人的注意，要在“孤岛”环境里作长期的打算。上海剧艺社很好地贯彻执行了这个指示，在“孤岛”坚持了三年，成为“孤岛”戏剧运动的中心，直至上海全面沦陷后才停止活动。

“孤岛”时期，在极其险恶的条件下，文化界的活动主要表现为通过一些剧团的演出，团结一批从事戏剧创作、编导、表演、舞美艺术的人员，继续坚持斗争。

1937 年末开始演出《雷雨》《日出》和新创作的剧目《女子公寓》等。这些演出实际是一种试探，看在“孤岛”中，租界当局和敌伪势力能允许演些什么样的戏。《女子公寓》是于伶抱病赶写的剧目，以傅作义在百灵庙抗击日寇为背景题材。因此，演出遭到了敌人的破坏，结束后，在剧场的座位上发现了一枚炸弹，并在演完夜场后被法租界当局勒令停演。这就说明，在这个时期的“孤岛”开展抗日救亡的宣传是极其不易的。虽然艰难，但上海戏剧界的工作者却没有失去斗争到底的信心，他们以各种方式继续展开抗日宣传工作。

1938 年中，于伶和阿英、吴仞之、李健吾等人几经波折筹建了上海戏剧艺术社。经过合法斗争取得法租界当局的支持后，演出了法国剧作家萨度的《祖国》、R. 罗兰的《爱与死的搏斗》等具有爱国主义思想的戏。之后，又先后上演了张骏祥创作的话剧《小城故事》《边城故事》及曹禺的《正在想》《镀金》等作品。通过演出，上海剧艺社的队伍不断扩大，还和法租界当局合作开办了中法戏剧学校，培养了一批日后有名望的编剧导演和舞台美术工作者。

《夜上海》是于伶创作的具有代表性的一部话剧，也被称作上海变成“孤岛”后最现实的一个剧本。剧本反映了抗日战争中上海沦陷后的混乱和人民所经受的苦难。作品真实地描绘出在夜一般黑暗的“孤岛”上活动的许多典型人物。剧中主人公梅岭春一家老小逃亡到上海后，虽然都有着各自的痛苦，都受着生活的煎熬，但他们不肯屈服，在抗争中觉悟到生活的真理，走出了一条“坚持活下去”的道路，使人们在茫茫的黑夜中看到一线光明。

《长夜行》是于伶 1942 年 3 月创作完成的话剧。这部剧以当时的抗战为背景，写上海一幢坐落在公共租界石库门房子内的三户人家的生活。深刻揭露了日寇统治下的上海到处是暗杀、抢劫、掠夺和奸商的囤积居奇，物价飞涨，民不聊生，成了暗无天日的世界。但主人公俞味辛夫妇坚强不屈地同敌人斗争，表现了沦陷区人民不屈服于侵略者压迫的斗争意志，最终全家走上新的生活道路。

《碧血花》是阿英创作的“孤岛”时期出现的第一部历史剧。剧中描写秦淮名妓葛嫩娘为了促使留恋她的明将孙克威前往福建与唐王共图抗清大计，几欲自刎，而后与孙克威一同投奔义军，英勇抗敌。她怒斥卖国奸贼郑芝龙，表现出蔑视邪恶的凛然正气。兵败被俘后，她更是不屑于清军威胁利诱，刚强不屈，最后咬舌自尽。演出时，台上台下，演员和观众情感交织，这样的剧情很容易把台下的观众同抗日救亡的现实联系起来，不少人边看戏边落泪。阿英在完成《碧血花》之后，又创作了《海国英雄》《杨娥传》《洪宣娇》等历史剧和《五姐妹》《不夜城》等现实剧。

▲阿英《碧血花》

在戏剧运动十分活跃的同时，上海“孤岛”时期的电影却进入到了发展困难的阶段。上海是中国电影制作最重要的中心城市，由于电影的创作与生产受到物资条件和机械设备的制约，所以，日军的全面侵华导致这一时期的上海电影发展遭受重创。

1937 年 7 月日本帝国主义的入侵，破坏了中国电影生机勃勃的发展进程。上海几家主要的电影公司大部分都在无形中解体，无力复业。各影剧院关门停业，曾繁荣上海的电影业，在这个时候显得极其萧条。由于电影比其他的艺术形式更受经费、摄影场地和拍片周期等因素的制约，留守上海的电影工作者很难在抗日战争全面爆发之时继续开展工作。大部分原上海的电影工作者，如进步电影编导夏衍、蔡楚生都奔赴到前线和内地，仅留下于伶、阿英继续坚守上海的戏剧和电影岗位。这样，电影发展的势力就相对减少了。与 30 年代前期相比，“孤岛”时期的电影进入到了低谷。但与一般沦陷区不同，上海还在有限的范围内保持着某种独立。“孤岛”初期，由于日本侵略军尚未能实现“代管”上海租界的图谋，特殊的政治和军事环境为电影继续存在留下了一定的空间。

日本侵略者和汉奸走狗不能容许上海人民有思想和言论的自由，对于上海人民的爱国活动千方百计加以破坏，对担当舆论重要宣传工具的电影当然也要实行严格的控制和破坏。租界区的事物，日本侵略者和汉奸走狗虽不能直接插手，但是仍然不放弃对租界当局的不断施压和干涉。他们采取各种卑劣的手段迫害中国的爱国进步人士。面对上海的电影事业遭受的沉重打击，大敌当前，上海数百万热爱祖国、仇恨日寇、不愿做亡国奴、抗日情绪高涨的人民，齐心协力，大力支持和赞助上海电影事业的发展。在他们的大力赞助和支持下，一批爱国进步的电影文化工作者得以继续开展工作，并与全国各地——前线的、敌后的、大后方的人民的抗日斗争相呼应，上海电影界相继成立了各种抗日团体。

组织和领导“孤岛”文化斗争的是中共上海地下党的“文化委员会”，简称“文委”。文委受中共上海市委和八路军驻上海办事处的双重领导。1938 年初，在文委的领导下，救亡运动再度活跃。原来在八一三事变前后组织起来的各界救亡协会都成了分散的地下工作机关，并成立了戏剧电影委员会，由吴永刚、蔡楚生担任“影评人协会”主席。经历了短暂的萧条阶段，电影业很快又恢复了往日的繁荣。这种繁荣直接刺激了电影生产。在“孤岛”时期，“新华”公司共出产影片 120 部左右，“艺华”公司拍摄了 50 多部，“金星”公司摄制 14 部，“国华”公司产出影片近 50 部，其他若干小影片公司拍摄影片也达到相当数量。

电影业在这个时期仅从数量上看是相当繁荣的，有一部分优秀作品为“孤岛”电影开辟了正确的道路。受当时局势的影响，各影片公司竞相拍摄隐含抗战意义的古装爱国历史片，当时比较轰动的有顾兰君主演的《貂蝉》（1938 年）、陈云裳主演的《木兰从军》（1939 年）、袁美云主演的《西施》（1940 年）等。

1939 年新华影片公司老板张善琨特意从香港邀来了香港影坛的红星陈云裳来沪，扮演了由欧阳予倩编剧，卜万苍执导的《木兰从军》，该片的目的是借古喻今激发人们的抗战情绪，因此在新落成的沪光大戏院上映后连映三个月，接下来在新光大戏院上映又是狂满数月。此片上映后，得到了观众热烈的欢迎，也成为这一时期电影的典范。《木兰从军》受到当时进步爱国舆论的大力支持，并以此为契机，许多评论还据此提出“历史电影”的原创原则。他们认为《木兰从军》“尽可能地透过历史，给现阶段的中国一种巨大的力量，它告诉我们怎样去奋斗，怎样去争取胜利”，“必须从古人身上灌输以配合这大时代的新生命”。这部历史片提倡了团结抗敌的思想，增强了民众的爱国情怀，给孤岛电影带来了曙光，引起了各公司拍摄古装爱国历史片的热潮。陈云裳也因此红遍沪港、南洋。影片的成功鼓舞了爱国电影人员对爱国题材电影的创作，直接带动了一批历史题材的电影的制作。紧随其后的《西施》也在《申报》上做广告，其中就有这样的句子：“大辱历历在目，国仇耿耿于心。”

▲电影《木兰从军》剧照

随着历史题材电影的成功上映，各大影院的荧幕上相继出现了一批思想性和艺术成就较高的历史片。如新华公司的《武则天》《岳飞精忠报国》，华成影业拍摄的《葛嫩娘》，艺华影业的《刺秦王》等。

除了历史剧外，这一时期也有少数思想和艺术都不错的反映现实的影片。如 1939 年由艺华影业公司摄制的《女子公寓》。此片由于伶根据自己的同名话剧改编。1941 年由金星影片公司摄制的《花溅泪》也是于伶根据自己的同名话剧改编的。《女子公寓》和《花溅泪》在“孤岛”的话剧舞台上都获得了很大的成功，在它们改编为电影走上荧幕后，也都赢得了观众的注意。这一年由柯灵编剧、金星公司拍摄的《乱世风光》，被认为是“孤岛”时期最优秀的影片之一。编者刻意反映侵略战争中的上海现实，一方面是花天酒地，一方面是饥寒交迫，同时也有人在为抗战默默地工作。《乱世风光》于1942年公映，此时日军已全面占领上海。

繁荣的电影市场涌现出了一批有影响力的电影人，如胡蝶、陈云裳、梅熹、卜万苍、金焰、顾兰君等人，他们都在这个时期得到了进一步的成长。许多电影公司在进行电影创作的时候，还努力将电影当作一种事业来做，而不是仅仅单纯追求商业上的利益。公司吸收了周贻白、于伶、柯灵、程小青等许多优秀的电影人才，他们甚至还创办了金星戏剧电影训练班，讲授中国与欧美戏剧史、电影史和电影理论。从这个电影训练班里走出了谢晋、丁里、颜碧君等人。毫无疑问，这些后来在中国影坛上，在中国电影发展史上作出过贡献的电影人就是从这里开始走上电影之路的。

▲胡蝶

1941年12月，太平洋战争爆发，日军占领了上海租界，上海再次陷入电影业的低谷，上海的电影陷入日伪的控制之中，失去了作为电影制作中心的地位，电影制作的重心逐渐南移至香港。

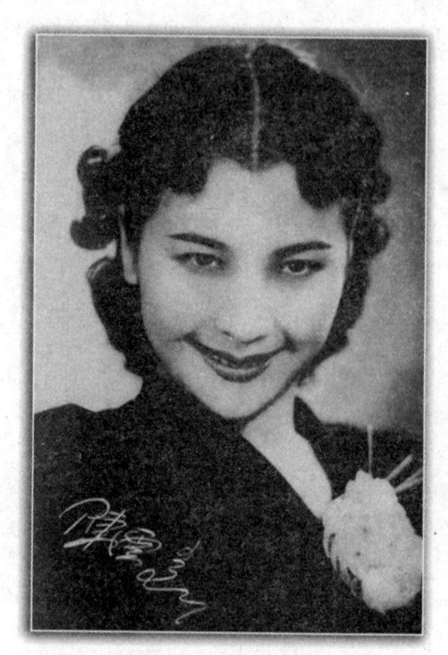

▲陈云裳

“孤岛”时期的上海，许多音乐工作者离开了这里，大大削弱了上海音乐的活力。然而，群众性抗日歌咏活动奏出了这个时期的最强音。

在各种联谊会俱乐部中，抗日救亡的歌咏活动十分活跃。他们利用租界的特殊环境开展公开合法的歌咏活动，吸引了更多的群众参加到歌咏活动中来，各种歌咏组织也随之壮大。歌咏团体利用各自的优势，开展宣传活动。他们去电台播音，到孤军营慰问，为新四军或救济难胞进行义演。有的还组织下乡服务团到游击区教唱歌。一个突出的主题就是宣传抗日救亡，激励人民为民族生存而斗争。《义勇军进行曲》《游击队歌》《太行山上》《干一场》《保家乡》等是他们经常演唱的歌曲。在抗日歌咏活动中，人民的抗日情绪一直十分高涨。在歌咏活动的开展中，培养了一批歌咏活动的骨干。歌咏活动的不断壮大，需要大量的教唱人员和指挥人员。铁铮、张昊、陈歌年等就举办歌咏指挥班，吸收各社团、学校、工厂歌咏团体的指挥、教唱人员和活动分子参加，主要教授乐理、指挥等音乐知识。他们还编印了歌曲集，为“孤岛”的歌咏活动提供抗日歌曲，造就了一批抗日歌咏活动的骨干力量。这些群众性歌咏活动的开展，鼓舞了人们的精神斗志，起到了积极的作用。

上海“孤岛”时期的文化有其自身的特点。它既不同于抗战时期国内其他地方的文化，也与上海在抗战期间其他时段的文化不同。

“孤岛”的形成是与租界的存在相关联的，租界被日军占领，“孤岛”也随之淹没。“孤岛”不同于沦陷区，但一般沦陷区的险恶在“孤岛”相当程度上也同样存在。租界当局软弱的“中立”态度事实上并没有为上海人民的抗日救亡斗争起到保护伞的作用。日伪对爱国力量的迫害和摧残也没有因为租界的障碍而止步不前，租界当局亦因屈服于日军的淫威而对上海人民抗日救亡活动作出了种种限制。日伪接二连三地在租界内制造暗杀、恐吓事件，文化人士被秘密逮捕或杀害的事情经常发生。因此，坚持在日本帝国主义高压政策下的反抗性是“孤岛”文化的显著特点。留守上海的文化人士没有被险恶的形势所吓倒，他们利用一切可以利用的条件，坚持着爱国主义运动。

“孤岛”文化是整个抗战文化的一部分，它并没有随着局势的恶化而消沉，相反，在短暂的沉寂以后出现了奇特的繁荣，这的确是一个十分特殊的现象。虽然在整个中国抗战文化中并不具有普遍性和典型意义，但它毫无疑问鼓舞了当时全国各地的文化人士，展示了抗战中文化的力量。

桂林“文化城”与归国华侨

桂林自古以来就是历史名城，祖国西南的重镇。在抗日战争时期又成为有名的文化城。

1938 年的桂林因特殊的政治、军事和文化等原因而成为一座特殊之城。它已不是一座山水风景闻名的寂静小城，而是政治、经济、文化畸形发展繁荣的城市。桂林“文化城”的形成，有其历史的原因。武汉失陷后，国民党的统治中心转移到了重庆。当时，汪精卫一伙亲日派早就到了重庆，汉奸、特务都在那里集中，特别是日本帝国主义在占领武汉后，侵华方针有了重大变化，对国民党政府从军事进攻为主、政治诱降为辅转变为以政治诱降为主、军事打击为辅。因此，当时重庆的环境很恶劣，而桂林的情况却比较好。因为广西是桂系的地盘，桂系实力派和蒋介石有矛盾，李宗仁、白崇禧虽在政治上左右摇摆，但对于抗日则表现得比较坚决，加上中国共产党坚持抗日民族统一战线政策，紧密地团结了广西各界的民主人士，发展广西的进步势力，并通过各种渠道来影响和争取包括李济深、李宗仁、白崇禧、黄旭初等在内的桂系领袖人物，使他们坚持抗日的立场。桂林相对地保持着民主的气氛，顽固势力比较孤立，国民党的特务分子不能在广西横行，广西便成为西南后方政治空气比较新鲜活跃的地区。当时，桂林又是广西的省会，西南军事政治的重镇和联结西南、华南、华东的重要交通枢纽。因此，在北平、上海、武汉、广州等大城市相继沦陷后，大批文化人士在中国共产党的领导和影响下云集桂林。

▲抗战时期的桂林

相对宽松的政治气氛给予了一定程度上的思想文化活动的自由，名人的荟萃带来了活跃的文化氛围，从而形成了历史上罕见的“文化城”盛景。在“文化城”期间，大批文化人士和民主人士移居桂林，他们在中国共产党的抗日民族统一战线的感召和影响下，与桂林人民一道，掀起了一场轰轰烈烈的抗日文化运动，在国内外产生了很大的影响。这场有声有色、如火如荼的文化运动兴起及所取得的丰硕成果，与广大海外归国华侨、文化人士的积极参与和无私奉献密不可分。当时在桂林上千名文化人士和民主人士中，有近四分之一属于从海外归国参加抗日救亡的文化人士。如胡愈之、郭沫若、夏衍、司马文森、欧阳予倩、田汉、茅盾、戴望舒、艾青、马思聪、艾芜、巴金、吴伯超、黄新波、丁西林、徐悲鸿、焦菊隐、熊佛西、周扬、何香凝、张大千、李桦、胡风、阳大阳等。他们为夺取伟大的抗日战争胜利和推动中国现代文化的发展作出了卓越的贡献，造就了影响中外的桂林抗战“文化城”，为中国现代文化发展史及反法西斯斗争史谱写了光辉的一页。

历史上的桂林“文化城”大致可分为三个阶段。第一阶段从1938年10月广州、武汉沦陷到1941年1月皖南事变；第二阶段从1941年1月皖南事变到同年12月太平洋战争爆发；第三阶段从1941年12月太平洋战争爆发到1944年下半年湘桂大撤退。每一次大的动荡的发生，对于生活其中的人来说，则意味着原有的生活轨迹再次被打乱，新的苦难又一次降临。

◎ 侨居“文化城”

抗日战争全面爆发后，民族存亡是每一个知识分子关切的问题，作为大后方文化聚集之城——桂林“文化城”成了民族救亡的文化宣传中心，进步的政治文化宣传是其主要特征，民族主义和爱国激情的高涨渗透于各种各样的文化活动和文学创作中。1938年后，大批文化人士不断南下，最终避难于西南一隅的桂林。桂林特殊的政治氛围给了他们相对自由的空间，同时，桂林的秀丽山水使他们精神上也得到暂时的寄托。但国家的存亡、民族的灾难，不断的漂泊、寄身他乡，没有归宿的孤苦增添了他们对故土的眷念。

独特的境遇遭际造就了作家们独特的心态，从而也产生了独特的文学思想和艺术风格。桂林“文化城”像沸水样的救亡情感，使作家们的创作主题、意象营造、意象选择、创作心态等各个方面都呈现出独特的风格。面对现实的生存困境，生活境遇的完全改变，国家民族的沉重灾难的降临，以及对当时国情的不断认识，他们的创作和活动既结合了现实的社会文化背景，又融入个人对社会与民族的思考，这种独特的文人心态不仅反映了桂林“文化城”为代表的抗日战争时期知识分子的社会理想、文学信仰、审美情感和个人情感等多方面的思想内涵，同时也反映出桂林“文化城”独特的社会环境、独异的特征，并具有重要的文学史意义。

抗战时期汇集在桂林的归国华侨、文化人士，虽然来自不同的侨居地，但他们在抗日民族统一战线的旗帜下，遵循“团结、抗战、进步”的工作方针，团结协作，全身心地投入抗日文化运动。文学方面，海外归来的作家勤于创作。如巴金，他在桂林两年七个月的时间里，积极从事抗战文学活动，先后主编了《文丛》《文学丛刊》《文化生活丛刊》《文学小丛刊》《现代长篇小说丛刊》等大型文学作品刊物。同时，他在繁忙的事务性工作之余，创作出版了长篇小说《火》的第一部。中短篇小说《还魂》和散文集《旅途杂记》等文学作品。茅盾创作的《霜叶红于二月花》，1943 年 5 月出版上市后，顷刻之间被读者抢购一空，轰动了整个桂林山城。艾青创作的诗作《北方》《他死在第二次》《工人歌》等皆为读者所喜爱。戏剧方面，在欧阳予倩、田汉、熊佛西、焦菊隐、洪深等归侨戏剧家的艰苦努力下，先后成立了 90 多个专业和业余话剧团，上演各种大小剧目 370 个，950 余场次，使戏剧在桂林抗日文化运动中成为成绩最显著、社会影响最广泛的一个门类。特别值得一提的是，1944 年欧阳予倩、田汉等发起在桂林举办“西南第一届戏剧展览会”，其目的是检阅七年来抗战戏剧运动所取得的成就，总结开展抗日救亡戏剧运动的经验和教训，研究确定抗战戏剧运动今后发展的路线和任务。参加这届戏剧展览会的有来自西南八个省共 28 个团队，近千名演职人员，演出 170 余场，观众达 10

万人以上，在中国戏剧史上产生了巨大的影响。音乐美术方面，旅法归侨马思聪、旅欧归侨著名作曲家吴伯超等活跃在桂林音乐界，积极参加音乐演出活动。他们与其他音乐人一起，化音符为干戈，汇旋律为时代强音，用音乐动员人民，激发鼓舞民众的抗日斗志，在我国现代音乐史上留下了光辉的一页。旅日现代画家李桦、丰子恺、何香凝、黄新波、张大千、阳大阳，还有旅法画家徐悲鸿，旅美画家李铁夫等，云集桂林，广泛开展抗战美术运动，启动多个美术社团，其态势波澜壮阔、盛况空前。如李桦亲自担任中华全国木刻界抗敌协会桂林分会理事，组织举办抗日木刻版画展；黄新波创作的《还击》《他并没有死去》等木刻版画，形象生动地控诉了国民党反动派在皖南事变中，残杀新四军将士的罪行，热情讴歌新四军的丰功伟绩。

▲1944 年春，桂林举行西南第一届戏剧展览会和西南戏剧工作者大会，图为与会者合影。

桂林抗战文化运动之所以在中国现代文化史上璀璨夺目，这与在桂林从事抗战文化运动的广大文化人士深入实际，贴近生活，紧扣时代主题，勇于创新是分不开的。尤其是海外归侨、文化人士，他们始终牢牢抓住民族统一抗战这一主题，去体验生活，去挖掘题材，去创作和提炼作品。正如旅日归来的翻译家林林在《广西日报》的《文艺通读散论》一文中所指出的：“文艺通讯也是服役于抗战的武器，它宣传各地方各种类的战时生活。”旅缅归侨、著名作家艾芜发表在《广西日报》的《战争与和平》一文中写道：“我们要明白，我们中华民族是处在被侮辱被损害的地位，除了用战争争取和平外，其他的和平都是虚伪的，骗人的，有害的。因此，我们的笔，在今日必然是歌颂战争，无情地打击那些伪和平论者。”这些都无疑要求文化人士要密切联系抗战现实，反映抗战时期的战斗与生活，歌颂抗日志士，鞭挞民族败类，鼓励与启迪人民群众投入抗战。如黄新波、周令钊、曹若等美术家深入前线，观察、体验前方抗日将士的战斗生活，创作了一批富有战斗气息的素描、木刻作品。黄新波创作的《胜利之夜》《昆仑关》《野营之晨》《父子兵》等反映昆仑关战事的木刻组画在桂林“战时画展”展出，受到广泛好评。旅日木刻画家李桦长年累月地在战地写生，从事宣传工作，产生了很大影响。特别是旅日戏剧家欧阳予倩，1938 年从上海经香港抵达桂林后，受聘为广西戏剧改进会顾问，主持地方剧桂剧的改革创新工作。他发现桂剧的表演有朴素而细腻的优点，但拱手、抖袖、转身、指划等动作不优美，过于粗糙，于是他制订了改革方案。他主张在保留桂剧的地方特色外，力求革除桂剧中粗鄙、庸俗的动作、唱词、台词，杜绝胡诌瞎编、乱唱乱演的陋习；要大胆吸收昆曲、京剧及其他剧种的优点，改良唱腔；在舞台美术方面，要设大幕、边幕和实景。于是他将自己原先写的剧本《梁红玉》改编为桂剧剧本，交桂林南华戏院桂剧班演出，并亲自担任导演。在排演这出戏过程中，欧阳予倩一改过去桂剧没有导演制度之做法，亲手制定了导演程序，一幕一场、一字一句、一招一式，反复排练。他还在表演、唱腔、化妆、布景等方面进行了大胆创新，采用了京剧、话剧、曲艺的一些手法，使桂剧从内容到形式，面目一新。该剧上演之后，轰动了桂林城，观众无不交口称赞，连续上演了 20 余场，场场座无虚席。

在桂林“文化城”中，新闻出版业也得到了空前的发展。抗战前，桂林仅有几家书店，抗战爆发后，广州、武汉等地相继沦陷，大批文化团体、学者、作家陆续汇集于桂林，出刊物、印书报、办书店蔚然成风，同时，商务印书馆、生活书店、中华书局等各大书店也因战事相继迁来桂林，有资料记载：“离中南路不远的桂西路，书店更为集中了。新知书店、读书出版社、《新华日报》图书课都设在这里。还有规模较大的书店如上海杂志公司、大时代书局等，书店林立，形成了一条文化街。”可见当年桂林书店的繁盛。据不完全统计，从 1938 年到 1944 年，当时桂林的书店、出版社有 180 余家。

随着出版业的发展，印刷业也得到了空前的繁荣发展。抗战前，桂林印刷业大小不下 30 家，大部分是手工印刷，没有一家专门印刷书版的印刷厂，资金总额不满 30 万元，全市的印刷工人不足 300 人。但“文化城”时期，印刷业空前兴盛，据 1943 年 7 月份的资料统计：桂林已有大小印刷厂 109 家，其中从事书版印刷的大型印刷厂有 8 家，书版兼彩印的 6 家，书版兼杂件的 12 家，彩印的 5 家，铸字的 2 家，装订的 3 家。设备方面齐全，每月生产用纸达到 10000 令到 15000 令，排字生产每月可达 3000 万字到 4000 万字。

随着出版社、印刷厂的激增，图书、杂志的出版也空前繁荣。有资料显示，整个抗战期间，在桂林共出版了 200 余种杂志，内容包括政治、经济、教育、科学、文学、戏剧、音乐、美术、青年、妇女、少年儿童等方面。桂林“文化城”的新闻报纸和杂志大多数由进步文化人士主办，他们都坚持抗日立场，彼此团结，很好地支持了抗日统一战线政策，同时也培养了大批青年知识分子，众多的报纸为青年作家们提供了抒发情怀的园地，刺激了他们强烈的创作欲望。如以“鲁迅风”杂文为特色而著称的《野草》杂志的发行，不但和时代命运紧密结合，而且培养出了秦似等一批杂文家。报纸也由原来的《广西日报》一家，猛增到21家，《新华日报》《力报》《大公报》《救亡日报》《扫荡报》等相继迁入桂林。这是桂林历史上出版报纸最多的一个时期。

▲黄新波木刻版画《他并没有死去》

◎ 文化人士的追求

桂林“文化城”时期，集中在桂林的文化人士，数以千计，有新闻出版工作者，有社会科学家和自然科学家，有作家、诗人、戏剧家、音乐家和美术工作者，等等，这是“文化城”开展各项文化活动的重要力量。当年的文化盛事真是说之不尽。美术方面的木刻运动、漫画运动在当时都盛极一时，还有一批画界大师云集桂林，如徐悲鸿、丰子恺、廖冰兄、尹瘦石、关山月、阳太阳等，他们创作出了许多优秀的画卷，如徐悲鸿在桂林创作了《鸡鸣不已》《青厄渡》《漓江春雨》等名篇；漫画大师丰子恺的《抗战漫画集》、木刻大师黄新波的《香港受难》和《夜萤》等；音乐方面，张曙、林路、满谦子等音乐家先后创办了《音乐阵线》《新音乐》《音乐知识》《每月新歌选》等音乐刊物和组织了多个合唱团的演出；戏剧方面的桂剧改革和西南戏剧展更是轰动一时；文学的收获更是丰厚，许多作家的重要作品都是在桂林创作的，如茅盾的《霜叶红于二月花》，巴金的《火》第三部，艾青的《他死在第二次》《诗论》等，所有这些都是“文化城”历史盛事中不可缺失的一部分。

▲徐悲鸿作品《漓江春雨》

抗战时期的国统区，稿费不高，而物价涨得快，往往是拿到稿费时，已经买不到什么东西了。此时的桂林虽然有着繁盛的文化事业，但异常拮据的经济生活同样也困厄着每一位知识分子的身心，他们首先得为全家大小的生计问题疲于奔命，“每天忙于生活，在饥饿线挣扎”是他们普遍的生活状态。

如在生活重压之下的艾芜，依然笔耕不辍。1939 年初，湖南战事危急，艾芜携家带小南下，抵达桂林，举目无亲，踌躇街头之际，幸遇《救亡日报》的林林，得以在太平路 12 号《救亡日报》社暂且住下。但一幢小小的木楼，既是《救亡日报》的编辑室又是宿舍，加之日军狂轰滥炸，生活不得安宁。1939 年 7 月，艾芜举家迁移到桂林东门外龙隐岩附近的施家园，但依然难以维持生计，后于 1940 年 3 月再次迁徙到桂林东郊、离市区约 5 里、四野都是乱葬坟的观音山，定居在临时搭起来的竹棚中，直至 1944 年离开。艾芜一家在此养猪种菜，依然难以度日，生活艰苦，形同难民，曾多次受到警察监视。一次半夜，警察竟破门而入声称搜查小偷，实际是将艾芜当游民看待。每天，他右手携着布袋，穿着破旧的蓝布长衫，佝偻着腰，进城向朋友借钱买米。书业不景气，版税拿不到，他屡次想要改行，但又舍弃不了 20 年来相伴的一支笔，只好苦撑下去。1944 年 6 月 16 日，《大公报》的三位记者来到了桂林郊外的观音山下访问艾芜，他们见到了“头发凌乱、两眼陷落，穿着褪了色的灰布中山服”的艾芜，在简陋的茅草屋前，记者们见艾芜亲手种下的青菜茄子正长得茂盛，这情景令记者们异常感动。当时的《大公报》是这样报道的：“作家艾芜，在郊外躲警报时，就是带着一把小得可怜的帆布小凳，坐在山野下，以自己的膝盖当桌，低头来写作。”而在这之后不久，桂林进行大疏散，艾芜不得不将自己家中才养得三四十斤重的猪托人拉到市场贱卖掉，听来真是辛酸。然而，疯涨的物价和频繁的空袭，使文人们并不能改变真实的生活境遇。艾芜在桂林五年，写下了数百万字的散文、小说，其文字浸透了他对战争、对生活、对现实本质的思考。巴金曾这样赞誉艾芜此时期的作品："在这时候我们需要读自己人写的东西。不仅因为那是用我们自己语言写成的，而且那里面闪露着我们的灵魂，贯穿着我们的爱情。不管是一鳞半爪，不管是新与旧，读着这样的文章会使我们永远做一个中国人——一个正直的中国人。"

▲艾芜在书房

像艾芜这样过着无隔夜米的日子的人并不是少数，戏剧界的泰斗之一——田汉也是其中的一位。桂林期间，田汉一家八口人的生活全靠他一支笔维持。有位记者是这样记述田汉一家的生活状况的："说起来真有点黯然，田汉的笔尖挑不起一家八口的生活负担，近来连谈天的豪兴也失掉了。一桌人吃饭，每天的菜钱是三十几元……一盘辣子、一碗酸汤……"很多人也知道田汉家的生活状况。阳翰笙在回忆文章中写道："田先生那阵子不但吃饭成问题，夏天被蚊子叮了，连买盒万金油的钱也没有，而田老太太却乐呵呵地说：‘要万金油做么子，抹点子口水也一样止痒啊!’”可见田汉一家的生活窘到了一定地步。无米下锅是常有的事，家里人问他怎么办时，他总是泰然地回答“慢慢来”！1942 年郭沫若曾致信给田汉说：“《高渐离》在《戏剧春秋》上发表，如有稿费可得，即请留弟处以为老伯母甘旨之费。”田汉感动地回信道：“至弟个人在桂林的生活承兄记挂甚且愿以稿费补助家母甘旨之赀，真使我感激至于泪下，但其实是不十分成问题的。因有老的小的在此。又想经营一些戏剧事业，从话剧到歌剧，从平剧到湘剧，这些又多是赔本的事。有时过度艰困之时未尝不想大家帮帮忙，但这些困难也是时常会突破的。‘我总是有办法的’，这一口头语在朋辈几乎成为笑料。实在我也是常常有办法的，不然一家人早就饿死了。又怎能偶然也还做一些事?”田汉感激、坚强、无奈的复杂心态尽在此中。

1941 年的桂林观音山下，垦荒种菜以求度日的就有大名鼎鼎的何香凝、叶挺、艾芜等人。现实困顿的生活使文人们不得不走出书斋，想方设法维持家人的基本生存。于是，卖掉或典当一切贵重物品，拼命地写稿，到中学兼课，做小买卖等，一些文人干脆在桂林郊外垦荒、种菜、养猪，以求度荒。

战火在中国全面燃烧，中国的知识分子们面对残酷的战争、苦难的环境，他们的人格也面临严峻考验，有良知的知识分子们在危机四伏的境遇中，勇敢地站了出来，为国家的安危、人民的哀乐而歌唱。

桂林的秀丽山水给旅桂的文人带来了暂时的栖息，但随着战事扩张，人口的过度扩张，物价不断飞涨，贫穷折磨着每一位文人的身心，同时也严厉地考验着每一位文人的节操意志。

贫穷饥饿固然能砥砺人的志节，但也能毁灭人性。有一些人，为了生存而弃笔从商，甚至投机取巧，捞取私利。但大多数人在这场残酷的灾难中，依然宁折不弯，“富贵不能淫、贫贱不能移、威武不能屈”的高尚情操在他们身上得到了集中体现。民主人士何香凝老人则是桂林“文化城”中文化人士的精神楷模。

▲何香凝

自蒋介石背叛革命后，何香凝就一直反对蒋介石的反动独裁。太平洋战争爆发后，为了表示对蒋介石消极抗日、积极反共的抗议，她不愿去战时的陪都——重庆，而选择了桂林。1941 年何香凝带着她的儿媳和两个孙子来到了桂林，住在桂林郊外观音山下，和作家艾芜、被囚的叶挺将军毗邻。她和艾芜等人一样在观音山下辟荒垦地，自办了一个小农场，养鸡种菜，自食其力。然而，小农场的收益微薄，并不能维持生计，香凝老人就靠卖画来贴补开支。可当时有钱的人多是发国难财的贪官污吏，豪绅富商，不稀罕艺术之流，而喜欢并能欣赏的爱国民主人士大多也买不起她的画，所以她的卖画收入也很少，生活过得很清贫。此时，蒋介石派人送来了一张一百万元的支票和一封请香凝老人到重庆去的信。何香凝老人将信和支票原封退回，并在信封后面批上两句诗：“闲来写画营生活，不用人间造孽钱。”如此大义凛然的气节，不为“五斗米折腰”的品德节操，令人肃然起敬。

当众多文人为全家的生计而发愁，不得不为他们一贯耻谈的“口腹之欲”、最基本的衣食需求而想方设法时，民族战争血与火的现实，又使他们更深刻地意识到“天下兴亡，匹夫有责”的道理，强烈的政治使命感和社会责任感促使他们投入到救亡图存的洪流中来，用他们手中的笔、以文学的方式对这场灾难作出深沉的思考，现实的困境并不能使他们停止这一思考。桂林“文化城”的文人们和整个时代一样在这“惘惘的威胁的苍凉体验”中顽强地活下来，也令他们陷入痛苦的思考中。1939 年，在桂林的巴金对残酷战争发出了愤懑的控诉：“我站在一堵烧焦了的灰黑的墙壁下，我仰起头去望上面。长的、蛛丝一般的雨打湿了我的头发。墙壁冷酷地立在那里。雨丝洗不去火烧的痕迹。雨落得太迟了！墙壁也许是一哑子，它在受了那样的残害以后还不肯叫出：复仇。”这是面临国破家亡的劫难时所感受到的撕心裂肺的屈辱和苦痛。

桂林“文化城”的六年，正是中华民族遭受屈辱和蹂躏时期，有名无名的柔弱的文人们在桂林这片山水土地上以各种各样的方式来唤醒与振奋民族的精神，即使他们中有的人在贫困、饥饿、战火中默默地死去时，依然没有放弃对“民族复兴”的企盼。长长的 70 年的时间隧道，使人们对那风云变幻的战争岁月中的历史往事渐已淡漠，可值得欣慰的是，当年这些从“象牙塔走上十字街头”的文人们，在硝烟烈火、刀光剑影的岁月中那种“金钲羯鼓唱大江东去”的豪情，那份“谈笑间樯橹灰飞烟灭”的从容，永载桂林的史册，并在这块土地上得以传承和不灭。

重庆文化抗战别开生面

在日本法西斯横行无忌、狼烟滚滚的岁月里，人们习惯称重庆为大后方。然而，面对日机连续数年的大轰炸，陪都重庆又何尝不是烽火连天，成千上万的人流血牺牲，无家可归，这样的大后方和战争前沿又有多少区别？日本法西斯妄图以此恐怖行径摧折中华民族抗敌救亡的精神和意志，事实证明不但徒劳，反倒更加激起中华民族团结抗战，不取得最后胜利誓不罢休的决心，把整个陪都真正变成了抗战建国、民族复兴的战略后方和精神堡垒。

全面抗战爆发后，全国各地迅速掀起了救亡运动的高潮。对时事政治和祖国安危反应最为敏感的文化界，抗日救亡运动开展得尤其迅猛。全国的抗日文化运动，最初是以著名文化人士和重要文化机构较集中的上海、北平为中心的。北平和上海陷落后，抗日文化运动的中心一度移到了武汉。戏剧、电影、文艺、木刻、漫画、新闻、音乐等各界都在武汉成立了抗日的全国性的统一机构。

1938 年 10 月，广州、武汉先后被日军攻占后，郭沫若、阳翰笙、老舍等大批文化人士和新华社、中央日报社、“剧协”、“文协”、“青协”等大批文化机构、团体，都先后随行政院和军委会机关迁到了陪都重庆，推动了重庆抗日文化运动的发展。

▲抗日战争时期中国的科研机构、高校云集重庆

1941 年 12 月 8 日，太平洋战争爆发。日军先后占领了上海英、法租界和香港、澳门地区。在这些地方工作的文化人士纷纷转移到祖国大后方，数月间就转移了几千人，大部分都辗转到了重庆。其中著名的作家有茅盾、张恨水、胡风、叶以群、田汉、张秀亚，诗人有艾青、臧克家，电影戏剧家有夏衍、宋之的、洪深、于伶，表演艺术家有金山、凤子、黄宗江、谢添、蓝马、沈扬，美术家有徐悲鸿、叶浅予、丁聪，音乐家盛家伦，新闻记者顾执中等 70 多人。到 1943 年上半年，在重庆的全国性文艺团体约有 35 个，聚集了全国绝大部分优秀的文艺工作者。同一时期，商务、中华、世界、大东、开明等大书局先后从上海迁到重庆，恢复营业和出版工作，许多文化名人和作家也自办了一些较小的出版社，如作家书屋、文风

书店等，使重庆的出版事业出现了空前的繁荣。[①] 而且全面抗战爆发后，许多高等学校内迁大后方，先后迁到重庆地区的就有 31 所，将近全国内迁 77 所高等学校的一半。加上重庆本地设立的高等学校，抗战后期重庆地区的高校达到 38 所，居全国之冠。[②] 这些高校都是传播文化的基地。随着大批文化机构、团体、高等院校、文化人士迁渝，重庆的文化队伍空前壮大。重庆成为大后方的文化中心，抗日文化得到空前的繁荣和发展。

◎ 新闻出版业

重庆新闻出版业的繁荣，首先表现为各种报刊的创办和发行。抗战时期，因为重庆是战时首都，很多中央级报刊和外省报刊都迁至重庆继续创办，不少文化人士入川后又新办了一些报刊，加上重庆原有的报刊，使战时重庆的报社总数达到约 70 家。他们大致分三种情况：一是抗战前就在重庆出版的，如《商务日报》《四川晚报》《人民日报》《大江日报》等。其中大多数在 1939 年前后相继能够坚持继续出版。二是抗战开始后由沦陷区陆续迁来的，如南京《新民报》《南京晚报》《中央日报》，上海《时事新报》《大美晚报》（英文），天津《大公报》《益世报》，武汉《扫荡报》《新华日报》等。三是抗战时期重庆新创办的报纸有 45 家。日报有《星渝日报》、《西南日报》、《重庆各报联合版》、《中央日报扫荡报联合版》、《工商新闻》（重庆版）、《世界日报》、《正气

① 张弓等主编：《国民政府重庆陪都史》，西南师范大学出版社 1993 年版，第 341—343 页。

② 周勇主编：《重庆·一个内陆城市的崛起》，重庆出版社 1989 年版，第 465 页。

日报》（军中版)、《中国儿童》、《中国工人》、《中学生导报》，等等。这些报纸，除日报外，其余均为4开版小型报，出版时间一般都不长。

战时重庆的刊物达到900多种，数量之多，品种之多，在全国居首位。其中半数以上是国民党创办的。国民党的党、政、军各系统从上到下都有自己公开的或对口的业务刊物。当时重庆主要综合性的理论刊物有《中央周刊》《民意》《新知识》《新政治》《民族战士》《中国青年》《妇女运动》和南方局的机关刊物《群众周刊》等。主要文艺性的刊物有《抗战文艺》《中原》《文艺阵地》《文艺先锋》《文坛》《今文月刊》《中国漫画》《戏剧月报》等。①

抗战期间，随着国民政府迁都重庆，沿海各省市的一些出版社和书店也陆续迁至重庆。同时，一些有爱国心的文化人士和出版商，为了宣传抗日，促进文化事业的发展，也先后在重庆新建了一些出版社和书店。因此，重庆成为战时全国图书出版业的中心。图书出版事业空前繁荣。

重庆出版业一时兴起，加上原在重庆经营的出版单位约有五六十家。其中包括当时在全国闻名的七大书局，即商务印书馆、中华书局、正中书局、大东书局、开明书店、世界书局和文通书局。

此外，还有所谓“七联处”。1943年，国民政府教育部指定以上七家大书局，在重庆成立“国定本中小学教科书七家联合供应处”，简称为“七联处”。七家书店总经理参与讨论拟定各种教科书，各书局派代表联合组成工作班子，办公地点在

---

① 向纯武：《抗日时期的四川报刊》，载钟树梁主编《抗战时期西南的文化事业》，成都出版社1990年版。

临江门迁川工厂联合会楼上。该处于 1946 年迁到上海。

除了七大书店和“七联处”，还有其他的图书出版机构，如生活书店、读书出版社、新知书店、《新华日报》营业部、国讯书店等。

《新华日报》营业部及其在各地的经销处，既是新闻机构，又是出版发行机构。它除了出版发行《新华日报》《群众》周刊外，还出版发行中国出版社、解放社出版的马列主义著作及中国共产党领导人的著作和言论等。发行的马列主义著作有《共产党宣言》《法兰西内战》《列宁文选》《列宁主义问题》《什么是马克思主义》《什么是列宁主义》《斯大林言论选集》等；中共领导人的著作有毛泽东的《论持久战》《论新阶段》《新民主主义论》《抗日游击队战争的战略问题》《整顿党的作风》《反对党八股》《在延安文艺座谈会上的讲话》，朱德的《抗日游击战争》，周恩来的《论抗战诸问题》《论目前抗战形势》等。此外，还出版发行过共产党的政策、言论和文件，如《中共六中全会决议和宣言》等，并经销延安出版的书刊和苏联出版的俄文报刊及图书等。

生活书店于 1938 年八九月间从武汉迁到重庆。1939 年 1 月在重庆成立总管理处，邹韬奋任总经理，徐伯昕任经理，下设编审委员会、秘书处及总务、生产、营业、会计等部。到皖南事变前，在全国 14 省市有分店 55 处，在香港、新加坡也有分店，其发行网遍及前后方及抗日根据地，职工 500 余人。生活书店的宗旨是促进大众文化，供应抗战需求，发展服务精神。在正确宗旨的指导下，在重庆，期刊方面，除继续出版《全民抗战》（邹韬奋主编）、《文艺阵地》（茅盾主编）外，还出版《读书日报》（胡绳主编）、《理论与现实》（沈志远主编）、《战时教育》以及《妇女生活》等；图书方面，除继续出版马克思、恩格斯、列宁、斯大林的著作和毛泽东、周恩来等中共领导人的著作及论述外，还出版大量抗战和争取民主的时论文章、文艺创作，“世界学术名著译丛”“新中国大学丛书”“青年自学丛书”“世界文库”等，还经销《解放》《群众》周刊等进步期刊。这些都充分体现了生活书店的宗旨，它不愧是出版界抗日民主的一面旗帜，不愧是“中国进步文化事业的堡垒”。生活书店与中共南方局有密切联系，有许多共产党员在那里工作并建立了党支部。还经常请周恩来、董必武、叶剑英、秦邦宪、凯丰、徐特立等到书店总管理处作报告，使广大职工认清形势，把握正确的政治方向，坚定抗战必胜的信心。

新知书店在桂林设总店，在重庆设分店，由徐雪寒负责。重庆分店以中国出版社名义出版《什么是列宁主义》《什么是马列主义》《斯大林言论选集》《毛泽东救国言论选集》《共产国际纲领》《中国共产党章程》等。皖南事变后，重庆分店由黄洛峰负责，出版文艺创作和译著及一部分政治、经济类图书，还经销延安出版的《整风文献》《白毛女》《钢铁是怎样炼成的》《彼得大帝》等。

▲生活书店重庆分店

读书出版社 1938 年从武汉迁到重庆，出版了许多深受读者欢迎的书。如艾思奇的《大众哲学》曾多次再版。由郭大力、王亚南译的《资本论》，在黄洛峰的主持下于 1938 年在沪出版，由香港转运滇、黔、川 2000 册，因广州沦陷，全部损失。同年八九月间，《资本论》的纸版再由沪辗转运至重庆出版发行，并运销桂林、成都、昆明和延安等地。该社还出版“鲁迅丛书”“新音乐丛书”《学习生活》、《文学月报》、《新中国文艺丛刊》和《新音乐》等杂志刊物。在太平洋战争爆发前，该社出版了马列主义著作、《卡尔·马克思》、《列宁传》、《斯大林传》及陈学昭的《延安访问记》等。

开明书店于1938年迁渝，在桂林、重庆、成都、昆明、贵阳等地设分店。总管理处设在桂林，1944年迁到重庆。主要经销中小学教科书、文艺书籍及期刊，其发行责任人为范洗人、章锡珊、叶圣陶、朱达君等，是一家进步的民间文化企业。抗战胜利后，周恩来希望叶圣陶尽力维持开明书店和《中学生》杂志。

原在上海的商务印书馆于1941年12月在重庆设总管理处，主要出版工具书、科技书、学术性著作、教科书等，如《辞源》《综合英汉大辞典》等。特别是王云五编著的《四角号码字典》，是当时的畅销书。商务印书馆所出版的中小学教科书被很多学校采用。《东方杂志》是一大型刊物，很受读者欢迎，1943年在重庆复刊。商务印书馆在抗战期间为大后方文化事业作出过一定贡献。

和新闻事业相联系的，还有广播电台。1934年，重庆就建成广播电台开始播音，每天播的节目较少，只有新闻、川戏、歌曲等。抗战全面爆发后，中央广播事业管理处迁到重庆独家经营广播事业。1938年3月，中央广播电台经长沙迁重庆，开始播音后，重庆广播电台即被撤销。中央广播电台办的节目有新闻、一周大事、评论、总理遗教、音乐、家庭节目等。1939年2月，重庆正式建成中央短波广播电台，1940年初，又改名为国际广播电台，负担对国外广播。战时重庆的广播电台几乎都是国民政府主办的，主要宣传团结抗日，共御外侮的积极内容。

总之，重庆进步出版业是抗战文化的一个重要组成部分，是中国共产党抗日民族统一战线在文化界的一个重要组成部分。然而在敌机的狂轰滥炸下，在国民党顽固派的反动统治下，处境艰难。但在中国共产党的领导和影响下，在进步的出版家和广大出版工作者的艰苦奋斗下，冲破重重障碍，创办了近百个出版机构，出版了大量书刊杂志，对宣传抗日、争取民主、繁荣中华民族文化、普及科学知识、增强民族意识作出了重大贡献，推动了进步出版业的发展。

◎ 小说与诗歌

抗日战争时期，重庆的小说创作也得到了空前的发展。当时在重庆的著名作家有茅盾、巴金、老舍、沙汀、艾芜、张恨水、碧野、路翎、姚雪垠等。

在小说的创作上，作家都以高昂的激情，以最快的速度反映战争，因而短篇小说多。到了抗战相持阶段，长篇小说逐渐多了起来。主要原因是由于作家经过了较长时间的观察、体验，对抗日战争的现实逐渐认识，而且有了一个比较稳定的生活环境，此外还有文协的积极推进和奖励长篇小说的创作。

茅盾于 1940 年初冬到达重庆。皖南事变后，由中共南方局疏散去香港。香港沦陷后，于 1942 年年底重返重庆，直至抗战胜利。茅盾在此创作的短篇有《委屈》《穿上》《小圈圈里的人物》《一个够程度的人》，并有短篇小说集《委屈》等，长篇有《走上岗位》《第一阶段的故事》，译著有《复仇的火焰》《回忆 · 书简 · 杂记》《人民是不朽的》等。茅盾是中国文坛上的一位开拓者，他的创作为抗战文艺作出了积极贡献。

老舍于1944年年初发表长篇小说《火葬》之后，便开始创作《四世同堂》。这是一部长达400余万字的长篇，它分为《惶惑》《偷生》《饥荒》三部。这是老舍的力作。

巴金在重庆期间创作的小说有短篇、中篇和长篇，还有译著。短篇有《还魂草》《巴金短篇小说集》，中篇有《憩园》《第四病室》等，长篇有《火》和《寒夜》。《火》共三部，第一部描写上海沦陷时日本侵略者的残暴所造成的惨状和人民誓死抗战到底的决心，第二部描写爱国青年参加战地服务团的动人情境，第三部描写一个爱国者创办爱国刊物的艰难过程。

▲巴金

艾芜、张恨水在这个时期以抗日爱国为主题，立足于现实，反映现实，创作了许多好的作品。如艾芜的小说长篇《丰饶的原野》（其中第二部《花落时节》写于重庆），中篇《一个女人的悲剧》《乡愁》，短篇《石青嫂子》及短篇集《荒地》，张恨水的长篇《八十一梦》等，都是优秀作品。

战争激发着作家的感情，诗人之多、诗歌之丰富也是前所未有的。从短诗发展到长诗，从抒情诗发展到叙事诗。许多小说家和理论家、老诗人和新诗人满怀激情，写下了许多歌颂中国人民英勇抗战，坚决地打击敌人，无情地暴露敌人罪恶的诗篇。

郭沫若始终战斗在国统区政治文化中心的重庆。他写的诗无论新体诗还是旧体诗，都充分表达了诗人的爱国赤诚和崇高精神，堪称民族的号角。他创作的诗收集到《战声集》，1938年1月出版。抗战相持阶段到解放战争初期，他的诗收集到《蜩螗集》，1948年出版。

▲郭沫若在重庆寓所读书

七七事变，中华民族危急！郭沫若毅然离妻别子，逃离故国，哭吐精诚，“欣将残骨埋诸夏”，决心把余生献给伟大的祖国。他一踏上国土便辗转战斗在上海、武汉、长沙、重庆等地。1939年5月3日、4日两天，日本侵略者轰炸重庆，市民死伤惨重。郭沫若在他的《惨目吟》中写道：“五三与五四，寇机连日来。渝城遭惨炸，死者如山堆。中见一尸骸，一母与二孩。一儿横腹下，一儿抱在怀。骨肉成焦炭，凝结难分开。呜呼慈母心，万古不能灭！”两天中，重庆市民被炸死炸伤达8500余人，山城变成了火海。1941年6月5日，日机夜袭重庆，造成在防空隧道中窒息而死者达数千人。郭沫若在《罪恶的金字塔》中写道：“只有愤怒，没有悲哀，只有火，没有水。连长江和嘉陵江都变成了火的洪流，这火——，难道不会烧毁那罪恶砌成的金字塔么?”皖南事变发生后，郭沫若对新四军抗日将士之死无比悲痛。他写道：“风雨今宵添热泪，山川何日得清时？怅望江南余隐痛，为谁三复豆萁诗?”又曰：“怒问苍苍果胡然？莫须有狱出连绵！伤心已见兰成艾，谗口竟教矩化圆。”

此外，郭沫若还写了许多关怀人民、鼓励同志的诗篇。1940年春，川南大旱，诗人无比焦急；忽逢天降大雨，他无比欣悦而作《喜雨》诗：“传闻春旱苦川南，菽麦枯存十二三。檐外终宵声淅沥，方知霖味果然甘。”足见诗人是和中国人民同呼吸共甘苦的。1942年他写了《赞水牛》，以真诚的感情和比喻的手法，借赞美水牛来歌颂中国人民的“坚毅、雄浑、无私”的美好性格和“活也牺牲，死也牺牲”的精神。郭沫若的诗具有强烈的时代气息，充满了对人民的爱，对敌人的恨，是革命的现实主义和革命的浪漫主义相结合的典范。

诗人艾青为民族的解放而创作，为民族的深重灾难而倾诉。他在重庆的时间不到一年，但他却创作了许多首诗。1940年5月初，他在湖南去重庆的路上写了叙事长诗《火把》，在重庆还写了《旷野》《夜》《高粱》《老人》《割草的孩子》《荒凉》《篝火》《捉蛙者》《公路》等。这年冬，重庆生活书店出版了他的诗集《旷野》。

在火线上生活了五年的臧克家，1938年至1939年发表了

《从军行》《泥淖集》和《随军行》。1940 年出版《淮上吟》诗集，真实地描写了作者的实际斗争生活，描写了黄泛区人民的痛苦。1942 年出版《古树的花朵》，描写民族英雄范筑先的抗战事迹。作者用“自己的心血”塑造“抗战以来第一篇实验的五千行的英雄史诗”，也是他生平最卖力气的创作。1943 年，诗人还写了《泥土的歌》，描写中国农村及对农民的看法和感情。这种感情是从“深心里发出来的一种最真挚的声音”。

老舍在 1940 年写了长诗《剑北篇》，描写川陕豫人民抗战的情景和沿途风物，表现了军民抗敌的英姿。他是“为了民族与形式朗诵问题的实验”而写作。

抗战时期，胡风主编《七月》杂志，编辑一套“七月诗丛”，介绍和发表过不少诗人的诗篇，对诗的提倡颇为努力。以《七月》杂志为阵地，形成了“七月诗派”。艾青、田间、绿原、阿垄、冀汸、庄涌、孙钿、彭燕、牛汉、鲁煤等都写了许多好诗。

▲《七月》杂志

抗日战争时期的冯玉祥，既是统率三军的爱国将领，又是文化界蜚声诗坛的“大兵诗人”。他说：“我虽一军人，素昔好文艺。”他写的许多白话诗都充满着强烈的高亢的战斗激情，无情地揭露、鞭挞日本侵略者，大无畏地暴露、谴责顽固派投降妥协及其黑暗统治。他写的诗具有单纯直率、朴实不华、浅近通俗的风格。周恩来在青竹冯玉祥60寿辰时说：“丘八诗体为先生所倡，兴会所至，嬉笑怒骂，都成文章。”①

抗战时期，诗集和诗刊的出版比战前增加了；而报纸出版的诗专刊、诗特辑也多起来。如《重庆大公报》副刊《战线》、《新华日报》副刊《文艺之页》、《国民公报》副刊《文群》、《新蜀报》副刊《蜀道》等。《抗战文艺》《文艺新潮》也出版过诗歌特辑。

重庆和大后方的诗人，不仅以笔作刀枪，创作出充满爱国热情的诗篇，而且他们还直接参加了战斗，和国统区的民众一起参加各种抗日活动。他们在抗日的烽火中得到了锻炼和提高，植根于创作的源泉中，把自己的命运和民族的命运紧密地联系起来。

◎ 戏剧文学创作

抗战时期，重庆剧坛上主要剧种有平剧、川剧、豫剧、越剧、汉剧、昆曲等。平剧就是京剧，当时被官方抬高到“国剧”的地位。这种传统的戏曲，抗战时期大多以上演有关岳飞抗金、文天祥抗元、杨家将抗辽、诸葛亮联孙抗曹等一类能激发民众抗日爱国精神的剧目为主。

抗战时期各种传统的地方戏曲在陪都的集中，只是重庆剧

① 周恩来：《寿冯焕章先生六十大庆》，载《新华日报》1941年11月14日。

坛空前繁荣的一个方面。中国戏剧文学创作的空前繁荣，最能代表它的是话剧剧本的创作。

▲重庆怒吼剧社演员

重庆抗战时期创作演出的话剧剧本据说有四五百部之多，以弘扬爱国抗日的民族精神为主，题材广泛，风格多种多样。从题材看，话剧大致可以分为现代剧和历史剧两大类，具体内容也不限于与抗日有关的，自五四新文化运动以来反对封建、争取个性解放与民主自由、揭露官场腐败之类黑暗现实的著作也不少。这种繁荣局面，不但之前不曾有过，在此后的几十年也再未出现过。

话剧在观众中产生了强烈的震撼力，其主要原因是此时全国第一流的戏剧作家都集中在重庆，其次是因为重庆乃至全国广大观众对话剧艺术空前热烈地欢迎和渴求。当然，这也同国民政府的大力提倡和支持分不开，而在国民政府中以官方机构和官员身份直接领导重庆乃至全国戏剧运动的，不是别人，正是国民政府军事委员会政治部第三厅厅长郭沫若及政治部副部长周恩来。第三厅改组为文工会以后，郭沫若仍任主任委员，而具体负责组织指导工作的，则是文工会第六处处长、著名戏剧家田汉和中国话剧创始人之一的著名剧作家、戏剧理论家、中央大学教授洪深。

在话剧文学剧本的创作方面，现代话剧在整个抗战时期从未间断，前期多情绪热烈便于宣传抗日的短剧，中后期精心编创的多幕剧不断涌现。历史剧主要是在中后期涌现出来形成高潮的。在重庆上演的四五百部话剧中，早期最著名的是由陈鲤庭、崔嵬在抗战前夕改编的《放下你的鞭子》，通过东北沦亡流落关内卖唱的父女，控诉日寇侵略暴行，激发民众抗战热情。抗战初期在重庆上演的话剧还有《我们的国旗》《保卫卢沟桥》《重振战袍》《沈阳之战》《东北一角》《沦亡以后》《死亡线上》《难民曲》《四行仓库》《当义勇军》《流民三千万》等等，全民总动员抗日救亡、反汉奸、反妥协投降的思想主题压倒一切。在抗战时期常演不衰、艺术成就更高的优秀话剧文学剧本，大都出自中国现代话剧的创始者或名家新秀之手，除了郭沫若、茅盾、老舍之外，就是田汉、洪深、欧阳予倩、丁西林、曹禺、夏衍、阳翰笙、陈白尘、于伶、吴祖光、宋之的，等等。

重庆是川东剧发展和改革的中心。1940 年 10 月，郭沫若领导的政治部文工会成立后，多次邀请川剧、平剧、汉剧等艺术家们座谈，讨论改革地方戏以适应抗日宣传的需要，在重庆的川剧名流张德成、傅三乾、魏香庭等都应邀参加。张德成等人都积极响应抗日民族统一战线的号召，贯彻中共中央提出的坚持抗战、团结、进步，反对投降、分裂、倒退的方针，大力倡导改革川剧、编演抗日救亡戏剧，以服务于抗日战争的需要。为了团结川剧界同仁致力于川剧改革和发展工作，1942 年春，在张德成等人的倡议下，在重庆苍坪街又新大剧院成立了“川剧演员协会”，由张德成任主席，刘成基任组织委员，阳友鹤任宣传委员。当日与会者近千人，郭沫若、田汉、阳翰笙等都亲自到场祝贺并演讲。他们希望协会同仁紧密团结，积极加工、修改、新编剧本，之后上演了不少适应抗日宣传需要的优秀剧目。如魏香庭的《李秀成殉国》《弦高犒师》，周裕祥的《双拾黄金》，以及《滕县殉国计》《爱国魂》，张德成与李大中合编的《扬州恨》等。特别是《扬州恨》更是久演不衰，被誉为宣传抗日救国新戏的代表作。

▲崔嵬和张瑞芳在香山演出《放下你的鞭子》

战时重庆，除了平剧、话剧、川剧有很大发展外，越剧、汉剧、梆子戏、曲艺等，也有所发展。

◎ 电影

抗日战争爆发后，中国电影制片厂和中央电影摄影场迁来重庆，陪都实际上也成了中国的电影之都。电影剧本的名作家、名导演、名演员都集中在重庆，加上拥有摄制基地和国民政府必要的经费支持，这是国内其他地方所不具备的。

中国电影制片厂（简称“中制”），是重庆和大后方最大的电影制作基地，1938 年 9 月迁来重庆，厂址设在渝中区七星岗，由国民政府军事委员会政治部第三厅领导，由三厅六处的田汉、洪深、阳翰笙等人担负领导责任。该厂有编导 10 余人，演员数十人，连同综合技术与事务工作人员一起，共计 500 多人。厂内人才济济，设有编导委员会，阳翰笙任主任委员，编导有史东山、孙瑜、应云卫、司徒慧敏、陈鲤庭、苏怡等；特约编导有夏衍、蔡楚生、沈西苓、章泯。演员有舒绣文、黎莉莉、陶金、魏鹤龄等多人。音乐作曲家有贺绿汀、任光、盛家伦。摄影师有吴蔚云、王士珍、姚士泉、冯四知。厂内附设中国万岁剧团，既拍片又演剧。中国电影制片厂在香港开设大地影业公司，作为对外交流机构。在全面抗战八年的艰苦条件下，“中制”摄制了 17 部故事片，12 部新闻纪录片。

中央电影摄影场（简称“中电”）隶属于国民党中央宣传部，1934 年创建于南京，抗战时期迁到重庆，最兴旺的时候有编导 5 人、演员 20 余人，加上其他工作人员共计 100 余人。沈西苓、孙瑜、赵丹、金焰、王为一、顾而已、白杨、王人美等人也参加了“中电”的编导或演出摄制工作。抗战期间共拍摄过 23 部抗战新闻片和 3 部故事片。为了抗日宣传的需要，“中制”和“中电”彼此之间常常互相支持。在戏剧和电影演员中，以白杨、张瑞芳、舒绣文、秦怡等 4 人最为出名。

“中制”和“中电”在抗战期间共拍摄故事片 20 部，新闻纪录片 30 多部。故事片主要有《胜利进行曲》《中国青年》《塞上风云》《白云故乡》《中华儿女》《日本间谍》《保卫我们的土地》《孤岛天堂》等。新闻片和纪录片主要有《大无畏的重庆》《中国反攻》《南京失陷》《中国之战》《广州遭轰炸》《东战场》《民族万岁》《日军暴行》《重庆一日》《新阶段》《新疆风光》等。

所有这些电影，几乎无一不与抗战相关，无论是故事片还是新闻片或纪录片，都可通称为“抗战电影”，抗日爱国是它们的基本主题和共同特色。在中国电影制片厂成立三周年纪念会上，军事委员会政治部主任张治中在会上发表讲话说：“电影事业，是属于艺术的、文化的，我们知道世界许多先进国家，大都注重文化宣传，它的作风、意识，都和他们的国策取得密切的联系，配合和担负了文化先锋的使命”；“电影界同志要负起改革过去电影界的一切积习的责任，重新建立新的抗战文化。我们不是没有目标的，我们更非把电影看作一种赚钱的事业，我们应把它看做国家最重要的宣传与教育事业。”①电影界人士不负众望，一片爱国热忱，成绩可观。

为了促进电影业的发展与引导观众欣赏电影艺术，1941年重庆还先后出版了《中国电影》和《电影与戏剧》两种杂志，登载了电影评介文章，传播电影知识。

◎ 音乐

抗战时期重庆音乐的发展达到了空前的高度，成了民族解放的强音。这和音乐名家云集重庆，音乐院校、专业音乐团体与陪都各大中小学校师生的结合，密不可分。群众性的

---

① 张治中：《谈电影——在“中制”三周年纪念会上的演讲》，载《中国电影》第1卷第1期。

抗日救亡的歌咏活动，焕发着陪都民众的抗日爱国热忱和不可战胜的民族精神，是重庆音乐得以巨大发展的基础动力。在重庆广泛传唱的著名歌曲有《义勇军进行曲》《大路歌》《毕业歌》《游击队之歌》《黄河大合唱》《嘉陵江上》《八百壮士》《满江红》《长城谣》《抗战到底》《抗敌歌》《旗正飘飘》《我所爱的大中华》《祖国之恋》《渔光曲》《难民进行曲》《大刀进行曲》《义卖歌》《嘉陵江船夫曲》《绥远组曲》《西藏组音》等。以抗战歌曲为主，加入一大批国际反法西斯战争的歌曲，如苏联的《神圣的战争》《海港之夜》《夜莺》《喀秋莎》等，成为重庆群众性歌咏活动的基本内容，表达着广大爱国民众抗日救亡的共同心声和呼唤胜利的强烈情绪。民众的歌咏活动的广泛性，几乎达到人人都会唱抗战歌曲的程度。

当时在重庆最著名的音乐家有马思聪、贺绿汀、金律声、赵沨、沙梅等人。马思聪早年留学法国，学习西洋音乐，1940年初抵达重庆，任中华交响乐团总指挥，中央大学教授。贺绿汀在渝期间先后担任过中国电影制片厂、中央广播电台的音乐组专家和育才学校音乐组负责人。金律声受张伯苓之聘为南开中学音乐教师和全校各音乐团体的总指导。冼星海谱曲的《黄河大合唱》歌词作者、著名诗人光未然也在重庆，为军事委员会文化工作委员会重要成员。马思聪的音乐作品十分繁复，器乐作品有小提琴《内蒙组曲》《绥远组曲》《牧歌》《F 大调小提琴协奏曲》《钢琴弦乐五重奏》《第一弦乐四重奏》，管弦作品有《西藏组音》《第一交响曲》，声乐作品有抗战歌曲《自由的号声》，管弦乐队伴奏大型独唱曲《不死的永生》《抛锚大合唱》《民主大合唱》等。贺绿汀的作品有抗战歌曲《游击队之歌》《义卖歌》《保家乡》《垦春泥》《嘉陵江上》，管弦乐曲《晚会》等，其中《游击队之歌》特别流行。他为电影《中华儿女》《胜利进行曲》《中国青年》配写的歌曲也风行一时。

▲马思聪

赵沨于 1939 年 10 月和李凌、沙梅、林路等人发起成立“新音乐社”，先后创办《新音乐》《音乐艺术》等音乐刊物，编辑出版了《三年歌选》《音乐创作集》《民主歌声》等歌曲选集和《新音乐教程》《苏联音乐》等音乐丛书。在 1941 年皖南事变后离渝之前，曾在体育专科学校和精益中学等校任教。1940 年 10 月开始在重庆业余合唱团排练《黄河大合唱》，12 月 15 日“文协”和国际反侵略大会中国分会等八个团体举行联合晚会，周恩来、郭沫若、老舍等各界人士出席，歌词作者光未然担任朗诵，赵沨独唱《黄河颂》，让《黄河大合唱》传遍了整个重庆。

◎ 美术

抗战时期的重庆，全国美术界大师名家的集中和画坛的空前繁荣，跟戏剧、音乐界的情况类似。教育部美术教育委员会设在陪都沙磁区凤凰山上。美术教育委员会的主要成员大都是中央大学艺术系或国立艺术专科学校、蜀中艺专等学校的教授，连同其他著名画家徐悲鸿、丰子恺、吕斯伯、傅抱石、黄君璧、王临乙等。抗战时期住在重庆或远近郊区的美术家著名的还有张善子、吕凤子、许士祺、吴作人、林风眠、叶浅予、廖冰兄、丁聪等。为开展抗日宣传活动，专门的组织按美术的门类来分，就有三种全国性的协会，即中华全国美术界抗敌协会、中华全国木刻界抗敌协会、中华全国漫画作家抗敌协会。同时，由于陪都艺术教育的发达，国民政府教育部、军事委员会政治部、国民党中央社会部又极为重视，美术的发展，无论什么门类，都取得空前未有的重大成就，并代表着当时全国的最高水平。

▲徐悲鸿《风雨鸡鸣》

徐悲鸿是兼通西画和国画，名声远播国内外的成就最大的画家。1937 年 10 月，他随南京中央大学内迁抵达重庆，继续在陪都沙磁区内的中央大学任教。他早年留学法国、德国、意大利，九年留学生涯使他深得西方美术的精髓，并用以发展中国国画，又以画马驰名海内外，成为独步中国现代画坛的一代大师。他来到重庆后，与中央大学同仁发起组成嘉陵美术会，被聘为委员。在渝期间，他创作有油画《月夜》《自画像》，中国画《巴之贫妇》《风雨鸡鸣》《巴人吸水》等，寄寓他对四川劳苦民众的同情和对抗战胜利的期望。

张善子为国画大师张大千的胞兄，1937 年 7 月 7 日抗战爆发后，他由苏州经武汉，全家抵达重庆，参加国民政府赈济委员会组织的赈济难民的工作，同时从事美术创作。他创作有《弦高犒师》《苏武牧羊》《精忠报国》《文天祥正气歌图》《正气歌》等人物画像和四维八德人物画像。1938 年八一三周年纪念，张善子创作《怒吼吧，中国》，画面上端为怒吼的老虎，下端为摇摇欲坠的日本富士山，寓抗战必胜之意，并在画上题诗曰：

中国怒吼了！中国怒吼了！
谁说中华民族懦弱？
请看那抗战烽火，
照耀着整个地球！

中国怒吼了！中国怒吼了！
我们已团结一致。
万众奋起，步伐整齐，
不收复失地决不休……

1938 年底，张善子带着他和张大千的作品共 80 余幅赴欧美各国宣传展出。在美国，他一面举行画展，一面到美国各大学及民众团体宣传中国抗战。罗斯福邀请他去白宫做客，他将《怒吼吧，中国》的巨幅图赠予罗斯福总统和国务卿赫尔利。他在欧美两年期间，举行了 100 余次画展，募捐援华款 100 万余元。1940 年 10 月 4 日回到重庆。

丰子恺是著名的文作家，兼画家和音乐家。他师从李叔同，画得一手好画，并创作一种和他的散文一样轻松幽默充满睿智的漫画，可谓别开生面，风行陪都。他曾为国立艺术专科学校教授，后辞职专以卖画维持生计。丰子恺的作品《缘缘堂随笔》充满生活情趣，轻松幽默自然，常将一般人忽略的生活细节抓住，写得有声有色，使人叹服。

▲丰子恺的抗战漫画

漫画以其印刷排版技术要求不高，常在报纸和杂志上与读者见面，中华全国漫画作家抗敌协会于 1940 年 12 月 21 日成立之后，还在重庆举行过两次全国漫画展览会。为推进漫画运动，军事委员会政治部漫画队自 1939 年 3 月在中央公园球场举行漫画展览之后，同年 12 月还从桂林来重庆举办连环画和木刻展览。教育部长陈立夫在 1939 年 1 月举办的“重庆市儿童抗敌图画展”中感言说，画展的目的是“于美术之陶冶以外，兼重抗敌意识之灌输”，使儿童产生“深切之民族意识，而能尽其生命之全力，以光大吾国民族之文化，保卫吾民族国家之领土，藉以雪吾国耻，解吾国难”。

木刻作为中国固有的传统艺术，到20世纪30年代得到鲁迅的支持和指导，融入西方木刻的精华，有了长足的进步。到抗战时期，大批木刻画家集中于陪都，先成立了中华全国木刻界抗敌协会，后迁至桂林。重庆于1942年1月3日又另成立了中国木刻研究会，是大后方另一支最活跃的美术队伍。王琦、刘铁华、丁正献、汪刃锋、王树艺、罗颂清、陆地等人，是木刻界最活跃的艺术家。他们的作品和漫画一样，常出现在报纸和杂志上，书籍和刊物的封面大量采用真实、生动而意味隽永的木刻画，凸显了他们存在的特殊价值。多次大规模的木刻画展，同其他画展一样受到观众的热烈欢迎。重庆作为中国的战时首都，在渝参展或发表的作品常常包括全国各地的，也有来自延安的优秀之作。徐悲鸿参观展览后大加推崇，当场选购了古元的《哥哥的假期》《割草》等几幅原作，并在重庆《新民报》撰文说：“我在中华民国三十一年十月十五日下午三时，发现中国艺术界中一卓绝之天才，乃中国共产党之大艺术家古元”，“其作品为世界艺术竞争的选手。”同时对李桦、华山、力群、焦心河的作品也给予充分肯定。中国木刻研究会和国民党中宣部国际宣传处于1943年联合选编《中国新兴木刻画集》，1945年12月在美国由纽约亚细亚出版公司向美国图书市场推出。画集中选有李桦、王琦、古元、王树艺、力群等30余人的作品95幅。编选者按题材编排，反映出中国抗战木刻的发展轨迹和抗战发展史。

抗战时期的重庆尽管面临频繁战乱，交通不便，出行艰难，各种文化机构经费短缺，加之日军对中国大后方实行海陆空立体交通封锁政策等不利因素，但是，重庆文化界仍然创造了空前繁荣的文化奇迹，而且在中国近现代文化史上具有突出的地位和重要的历史意义。

▲古元木刻版画《哥哥的假期》

重庆抗战文化的繁荣、发展的种种事实也从一个侧面证明，文化是人的存在形式，文化是民族的灵魂。残酷的战争可以摧毁人们的家园，但绝不可能毁灭一个民族的文化和精神。文化在凝聚人心、鼓舞斗志、征服侵略者，以及传承文明等方面所显示出的力量和作用，是武器和军队所无法比拟的。这也是重庆抗战文化的历史贡献。

抗战文化在海外

抗战时期，日本帝国主义对中国进行了疯狂的侵略，甚至扬言“三个月灭亡中国”。在此民族危亡的时期，中国共产党尽一切努力进行对外宣传，以动员民众抗日，维护中国共产党的正面形象，扩大中国共产党的对外影响力。在此期间，中国共产党的对外方针是“宣传出去，争取过来”。在对外宣传工作中除了立足于国内、面向国内大众进行宣传的同时，还极力扩大对外宣传的范围，将宣传的范围扩大到国际上，以加强中国共产党的影响力与凝聚力。

1927 年第一次国共合作破裂、大革命失败以后，随着中国共产党转入地下状态，党的新闻宣传工作也进入了一个低谷。国民党在对中国共产党进行军事“围剿”和新闻封锁之时，在国民党的新闻媒体上充斥着“赤匪”的“暴行”这一类歪曲、攻击的宣传内容。外国尤其是西方的新闻机构由于大都持反共的编辑方针，同时又不能实地采访红色苏区而大都采用国民党中央社的新闻消息。“十年来国民党一直对红区保持全面的新闻封锁，在全国到处散布‘恐怖’宣传，把它自己的飞机和重炮所造成的生命与财产的破坏大都归咎于‘共匪’，但事实上红军是根本没有这种武器的。”① 面对国民党的

① 埃德加·斯诺著，董乐山译：《红星照耀中国》，新华出版社 1984 年版，第 286 页。

“围剿”和诬蔑，中国共产党人进行了艰苦卓绝的斗争。

◎ 海外报纸

这一时期，中国共产党在海外只有两家报纸，即《先锋报》和《救国时报》。

1928 年 4 月，左派组织“美洲拥护中国工农革命大同盟”（有些人是美国共产党员）在美国旧金山油印出版了不定期刊物《先锋》。1930 年 4 月该刊迁纽约正式创刊，改为铅印，并改名为《先锋周报》。后又于 1934 年上半年由周刊改为半月刊，名称改为《先锋报》。该报编辑余光生曾于 1932 年 3 月加入美国共产党，任美共中央中国支部局委员和美共中央中国局书记。该报以美国社会下层华侨为主要读者对象。内容主要是宣传中国共产党和各党派的抗日主张，揭露日本帝国主义在中国犯下的滔天罪行，号召广大侨胞和各国民众支援中国抗战。

GIU GUO SH BAO

“Au Secours de la Patrie”

救國時報

社論

本報暫時停刊宣言

▲中国共产党在法国巴黎发行的机关报《救国时报》

1935年5月15日，中共驻共产国际代表团的机关报《救国报》创刊于法国巴黎，与纽约的《先锋报》成掎角之势，共同承担着中国共产党在海外的宣传任务。《救国报》初为半月刊，从第11期起改为周刊。1935年12月9日改为《救国时报》，刊号另起。先后改为五日刊、三日刊、双日刊。该报名义上由王明负责，实际主编先后为廖焕星、李立三、陈潭秋，吴玉章、吴克坚、饶漱石。该报最初在莫斯科编辑，打成纸型后航寄到巴黎印刷出版。自1936年该报在巴黎建立中文排字车间后，在莫斯科编好的稿子就直接邮寄到巴黎排字印刷。发行量达两万余份，遍及43个国家。

《先锋报》和《救国时报》都是中文出版，主要读者对象都是海外侨胞。这对于争取侨胞固然是必要的，但对于西方读者来说，中国共产党仍然是十分陌生的。

◎ 斯诺与史沫特莱

美国记者斯诺对陕北苏区的采访和报道，有力地突破了国民党的新闻封锁，使全世界首次对中国共产党有了较为全面的认识和了解。

▲埃德加·斯诺

1936年6月，斯诺经宋庆龄介绍，由中共地下组织安排，进入陕北苏区进行了长达四个月的新闻采访。对于斯诺的来访，中国共产党人十分欢迎。周恩来对斯诺说："我接到报告，说你是一个可靠的新闻记者，对中国人民是友好的，并且说可以信任你会如实报道……我们知道这一些就够了。你不是共产主义者，这对于我们是没有关系的。任何一个新闻记者要来苏区访问，我们都欢迎。不许新闻记者到苏区来的，不是我们，是国民党。你见到什么，都可以报道，我们要给你一切帮助来考察苏区。"① 斯诺原定计划采访 92 天，实际日期大大延长。他访问了毛泽东、周恩来、朱德、彭德怀、贺龙等多位党的领导人，也访问了战士和边区群众。他经常去毛泽东住的单间窑洞，一连谈上几小时，有时差不多谈到第二天黎明。斯诺把"主席"对世界和中国人民说的话，逐字逐句地记了下来。"毕竟我是一种媒介，他通过我，第一次得到了向世界发表谈话，更重要的是，向全中国发表谈话的机会。他被剥夺了合法地向中国报界发表意见的可能，但是，他知道，他的看法一旦用英语发表出去，尽管国民党实行新闻检查，也会传回到大多数中国知识分子的耳朵里。"② 斯诺离开保安之前，毛泽东又与他谈了国共再次合作的条件。斯诺回到北平后，在记者招待会上讲述了他的苏区之行："我的同行们及我本人写的报道，在国外发表之后，迅速传回了中国，并在远东所有报纸上登了出来。我还把和毛的长篇谈话的全文，连同苏区情况的综述，交《密勒氏评论报》发表，它在学生和国民党官员中拥有广泛的读者。"③ 自 11 月 14 日起，上海英文《密勒氏评论报》、美国《星期六晚邮报》、英国《每日先驱报》及其他国内外报刊开始陆续刊

① 埃德加·斯诺著，董乐山译：《红星照耀中国》，新华出版社 1984 年版，第 43 页。

② 埃德加·斯诺著，宋久等译：《斯诺文集》第 1 卷，新华出版社 1984 年版，第 192 页。

③ 埃德加·斯诺著，宋久等译：《斯诺文集》第 1 卷，新华出版社 1984 年版，第 220 页。

登斯诺采写的陕北苏区的新闻报道和照片，介绍了中国红军的万里长征、共产党人的信念和主张以及陕北苏区的建设成就。

1937 年 10 月，斯诺的 *Red Star Over China*（《红星照耀中国》）由英国维克多·戈兰茨出版公司正式出版，这本书真实记录了斯诺自 1936 年 6 月至 10 月在我国西北革命根据地（以延安为中心的陕甘宁边区）进行实地采访的所见所闻。此书在数星期内就销售了 10 万册以上，两个月内连续印行 5 版，供不应求。此后，该书以近 20 种文字翻译出版，几十年间几乎传遍了世界，成了著名的畅销书。1938 年 2 月 10 日，由胡愈之策划，林淡秋、梅益等 12 人集体承译，以复社名义出版的 *Red Star Over China* 第一个中文全译本在“孤岛”上海问世。考虑到在敌占区和国统区政府统治区发行的缘故，译本改名为《西行漫记》。此书在短短十个月内就印行了 4 版，轰动了国内及海外华侨聚集地，在香港及海外华人集中地还出现了难以计数的重印本和翻印本。国民党政府不止一次下令查禁斯诺的这些著作，先后查禁的这类著作达十几种。斯诺的报道所产生的巨大反响，可能出乎中国共产党甚至斯诺的意料。

对于本来就重视宣传工作的中国共产党人来说，《红星照耀中国》的出版对中国共产党产生了极大的宣传效应，并且让中国共产党人更加认识到了宣传工作的重要性。所以周恩来 1938 年 6 月在武汉约见斯诺时“一再感谢斯诺的《西行漫记》在中外的影响，使广大读者了解了中国共产党和红军的真实情况，揭穿了国民党的造谣污蔑。希望他继续真实地向全世界介绍中国人民抗日战争的情况，欢迎他到延安和敌后抗日根据地去采访”。[①]

---

① 童小鹏：《风雨四十年》第一部，中央文献出版社 1944 年版，第 221 页。

▲埃德加·斯诺《红星照耀中国》

继斯诺1936年访问延安著有《西行漫记》之后，他的夫人于次年接踵而至，著有《续西行漫记》，影响很大。1939年9月中旬，斯诺再度来访，与毛泽东进行了长谈。毛泽东与他畅谈了中国共产党的性质和任务、中国的民主运动以及当时的国际形势，并准确地预见到未来形势的发展。斯诺报道后，“毛泽东的见解在重庆引起了反响”。[①] 不久，陕甘宁边区就被国民党军事封锁了。斯诺的这一次访问，成为这一时期外国记者对延安的最后一次访问。此后，中国共产党的对外宣传便主要依靠自己在海外新建的阵地了。

---

① 埃德加·斯诺:《为亚洲而战》，新华出版社1984年版，第238页。

全面抗战爆发初期，中国共产党的对外新闻宣传事业由于客观上的原因没有得到太大的发展。在法国办的《救国时报》1938 年 2 月停刊，同年 8 月迁到美国纽约与《先锋报》合并后仍用《救国时报》名称出版，1939 年 10 月由于办报人员回国参战而停刊。对外新闻宣传工作被正式提到议事日程上来，是在 1938 年 3 月初召开的中共中央政治局会议上。这次会议认为："我国抗战已经进行了八个月，但是，我们的国际宣传工作，我国各界民众团体对国际上各种民众团体的联系，都太薄弱了。"① 同年 11 月 6 日，中共六届六中全会通过决议认为，当前紧急任务之一是："集中一切力量，反对日本法西斯军阀侵略者，加紧对外宣传，力争国外援助，实现对日制裁。"② 八路军第 129 师政委邓小平在指示部队的政治工作时曾说，要"大大地加强对外宣传工作。要通过文艺作品、报告文学、新闻通讯、摄影、绘画等，把我们真实的战斗生活反映到国际上去，流传到华侨中去，传播到大后方去"，要改变"打哑巴仗"的现象，经常用各种方法对外宣传部队的战斗生活。③ 经历了长期的斗争，党醒悟到"打哑巴仗"是要吃亏的。

1938 年春，八路军驻香港办事处成立，其主要任务之一是开展对外宣传工作。廖承志曾于 1940 年 9 月 27 日致电延安侨委与周恩来，建议加强海外宣传工作，并说："香港现有的办法，除在港侨工委下加设宣传组，以增强菲之《建国报》、港之《华侨通讯》，出版华侨丛书，并与海外各兄弟报增强联系外，决定加强国新社工作。另在中国保卫大同盟内，加强其

---

① 《中共中央文件选集》第 11 册，中共中央党校出版社 1991 年版，第 458 页。

② 《中共中央文件选集》第 11 册，中共中央党校出版社 1991 年版，第 752 页。

③ 《邓小平文选》第 1 卷，人民出版社 1994 年版，第 26 页。

英文通讯（暂作半月刊）。”[1] 保卫大同盟（简称“保盟”）是由宋庆龄发起组织的，廖承志、潘汉年参与了大量的筹备工作，廖承志还担任了执行委员，负责日常的实际工作。“保盟”的英文刊物《新闻通讯》也成为中共的一个宣传阵地，其发表许多文章介绍八路军、新四军及抗日根据地的抗日活动。“保盟”通过宣传和各项组织工作为八路军、新四军募集了大量的物资和医疗用品。

此外，这一时期中共在海外的新闻宣传机构还有香港中国通讯社、国际新闻供应社、国际新闻社等。其中，国际新闻供应社稿件一部分由八路军办事处提供，另一部分是进步人士撰写的分析国内外形势的文章。中文稿件寄给海外华侨报刊和社团，外文稿件寄给一些国际组织和国际友人。国际新闻社则办有英文刊物《远东公报》和面向海外华侨的《祖国通讯》《国新通讯》，海内外共有150多家报纸采用该社稿件。

▲史沫特莱

斯诺关于陕北苏区的报道引起了轰动效应。中共也因此认识到利用外国记者进行外宣的重要性。

在斯诺对延安地区报道之后，第二位被邀请到的记者也于1937年1月来到了

① 转引自李东朗：《抗日战争时期八路军驻香港办事处对海外华侨的统战工作》，载《中共党史资料》第50辑，第108页。

延安。她就是美国进步记者——艾格尼丝·史沫特莱。她不但通过参访所掌握的材料撰写了《伟大的道路》一书，[①] 而且"写信邀请其他新闻记者访问红色陕西"，[②] 有效地推动了中国共产党的对外宣传工作。

◎ 中外记者团访问延安

在斯诺和史沫特莱的影响下，越来越多的外国记者前往延安，了解关于中国共产党领导的抗战活动。在国民党统治区，周恩来与中共代表团成员经常举行记者招待会，并与一些著名外国记者频繁交往，如斯诺、斯特朗、史沫特莱、窦登、杜尔亭、费希等。

中国共产党热情欢迎外国记者访问抗日根据地，对他们的采访尽力配合。从抗战全面爆发到 1939 年秋，史沫特莱、斯诺夫人海伦·福斯特·斯诺、卡尔逊以及斯诺等都先后访问过延安。史沫特莱著有《打回老家去》《中国在抗战中》等，她为宣传八路军、新四军的战绩以及为伤病员争取国际红十字会的帮助，改变部队缺医少药的状况做了不懈的努力。卡尔逊自抗战爆发后来到中国，以 18 个月的时间游历了中国各地。他以一个军事观察员的身份到华北前线考察八路军的作战方式，在八路军的作战区域走访了几个月，回到汉口后即举行记者招待会，向他们讲述了他在游击区的所见所闻。他的著作《中国的双星》后来在美国出版，着重介绍了八路军和敌后游击区的情况，热情地赞扬了八路军的游击战术，并称华北敌后各抗日根据地为"新中国的试管"。

---

① 该书主要是史沫特莱通过与朱德的谈话而撰写的朱德传记。

② 参见卢来宾、宋谦：《试论抗日战争时期中国共产党与美国的民间交往》，载《军事历史研究》2003 年第 3 期。

1939 年秋，陕甘宁边区开始被国民党军事封锁。外国记者不能进入边区采访，边区的真实情况和中国共产党的方针政策不能及时地向世界传播。除了靠重庆、香港两地八路军办事处人员与外国记者广交朋友，并在交往中介绍和宣传八路军、新四军的抗日战绩外，中共此时对外的宣传阵地只有国际新闻社的香港分社和刚创办不久的保盟机关报《新闻通讯》了。皖南事变后，国民党当局对中共的对外宣传活动控制得日益严格，对同情中共的新闻记者的采访活动也严加控制、监视，并尽一切可能抵消他们的影响。1944 年 2 月 17 日，《时代》杂志记者爱泼斯坦和《纽约时报》记者福尔曼等 6 名外国记者采访了董必武。董必武表示共产党人欢迎记者们到延安采访，并提醒他们如果真能成行要注意一下沿途的“碉堡”，那是国民党军队对延安进行封锁的铁证。董必武还说：只要中央政府领导抗日并忠实地实现三民主义，共产党就支持它，共产党人绝不愿打内战①。记者们分别拍发会见董必武及其谈话的电讯。国民党当局为此专门召开对付中共宣传的会议，决定由国民党中央宣传部部长梁寒操撰写一篇《驳斥董必武谈话声明》，和董必武的谈话一同交给记者们。总而言之，外国记者发表中共领导人的谈话、声明之类的消息，必须同时加上国民政府的驳斥声明，大概国民党当局认为这样就可以抵消中共宣传的影响。对于美国记者在美国的新闻宣传，凡在国共关系问题上讲真话或倾向中共的，国民党也都不遗余力地组织力量进行反驳，以挽回国际影响。面对国民党的新闻封锁，中国共产党人认识到必须营建自己的对外宣传阵地。

---

① 伊斯雷尔·爱泼斯坦著，张扬等译：《突破封锁访延安》，人民日报出版社 1995 年版，第 7 页。

1939年秋，新加坡《南洋商报》（早年由陈嘉庚创办）董事经理傅无闷派人到国内物色总编辑人选。经周恩来、廖承志推荐，1940年12月1日中共党员胡愈之正式担任该报总编辑。在胡愈之的主持下，《南洋商报》言论进步，内容充实，日销量由原来的2万份跃升为5万份，成为新加坡最引人注目的华文报纸之一。皖南事变后，刘尊棋根据中共南方局的指示转移到该报，任编辑部主任。中共党员沈兹九亦曾参加该报笔政。该报经常采用国际新闻社的消息，及时报道、评论国内外形势及侨民关心的问题，阐明中共抗日民族统一战线的方针与政策。

侨商胡文虎创办的《星岛日报》也从国内聘请人才。老板"以同乡关系找到中共驻香港的负责人，希望给予支援，选派有声望的报人主持编辑部，党表示承诺。"① 金仲华接受中共的委托，与邵宗汉、羊枣（杨潮）组成领导班子进入该报工作。金仲华任总编辑，邵宗汉为副总编辑，羊枣任军事评论专栏作者。1941年6月1日，金仲华、邵宗汉、羊枣"因工作受到限制，无法照常工作"② 脱离该报。该报工作人员中还有黄薇。据黄薇回忆：廖承志曾同她联系，"说组织上决定派我去菲律宾，从事抗日反法西斯宣传工作"③。1941年9月，黄薇以《星岛日报》记者的身份开始在菲律宾工作。

皖南事变后，周恩来根据中共中央的指示，为保存进步文化力量，在海外开展文化宣传工作，逐步把在重庆、桂林等地

---

① 金端苓、刘火子：《仲华哥战斗的一生》，载《上海文史资料选辑——统战工作史料专辑（六）》，上海人民出版社1986年版，第32页。

② 金端苓、刘火子：《仲华哥战斗的一生》，载《上海文史资料选辑——统战工作史料专辑（六）》，上海人民出版社1986年版，第33页。

③ 黄薇：《从海外回到抗战中的祖国》，载《抗日战争时期的中国新闻界》，重庆出版社1987年版，第104页。

的大批民主人士和文化界人士疏散到香港，建立了新的文化阵地。

1941年1月，桂林《救亡日报》总编辑夏衍（中共南方局文化组副组长）接到南方局通知，先行赴港。随后报社的廖沫沙等十几人分两批撤退到香港，一部分人参加了《华商报》的工作。根据南方局的指示，其总社迁移到香港，与香港分社合并。范长江先行抵达，负责筹办《华商报》。

1941年2月，生活书店成都、昆明、桂林、贵阳分店先后被封闭。该书店领导中心移至香港。22日，《全民抗战》杂志被封后，2月25日，邹韬奋与胡绳同行，3月5日从桂林乘飞机到香港。

在安排邹韬奋离渝后，周恩来又安排萨空了离渝到海外从事宣传工作。据萨空了回忆：皖南事变后，周恩来同志要他离渝，到海外从事宣传工作。1941年8月他到了香港，廖承志等找他谈话，希望他参加创办《光明报》，他便留了下来。①

在这一时期去香港的还有柳亚子、沈雁冰、韩幽桐、宋之的、戈宝权、胡风、叶以群、章泯、萧红、胡考、丁聪、叶浅予、特伟等。张光年、李凌等则到了缅甸仰光。这些人士所走的路线大多由中共南方局文化组研究决定，路费由八路军办事处特别经费支出。

《时事新报》总主笔张友渔根据南方局的决定离渝赴港，公开职业是《华商报》总主笔。

上述文化界人士南下后，大多留在香港从事新闻工作。邹韬奋曾说："我们到香港不是为逃难来的，而是为'坚持抗战，反对投降；坚持团结，反对分裂；坚持进步，反对倒退'，

① 萨空了：《创办香港〈光明报〉的回忆》，载《新闻研究资料》第36辑，第9页。

创办民主报刊而继续战斗的!”[1] 4 月8 日,《华商报》创刊。5月17 日,《大众生活》复刊。9 月18 日,《光明报》创刊。此外，还有茅盾主编的《笔谈》《文艺阵地》，郁风主编的《耕耘》，张明养主编的《世界知识》，张铁生主编的《青年知识》，马国亮主编的《大地画报》等积极宣传抗战。其中《华商报》是在香港银行家邓文田、邓文钊资助下，由八路军驻香港办事处创办的。该报在香港、内地及新加坡、槟榔屿、越南一带影响较大，销量达几万份。

这一次文化界人士南迁，直接带动了中国共产党的对外宣传事业。中共十分重视对他们的统战工作。在南方局香港分局廖承志的领导下，夏衍、胡绳、张友渔做文化界的统战工作；范长江、韩幽桐、张友渔做救国会的工作，将他们紧密团结起来，组成了一个新的宣传堡垒。一些转移到新加坡、菲律宾、缅甸、印度尼西亚等地的新闻工作者，参加了当地的侨报工作，使这些报刊直接或间接地成为中共在海外的喉舌。

此外，八路军驻香港办事处作为中共中央南方局的派出机构还办有《华侨通讯》《抗战大学》《东江》《海外青年》等刊物，并出版《新华日报社论集》。《群众》周刊也寄纸型到香港由该处翻印发行。中共中央宣传部在延安还办有油印外文宣传刊物《中国报道》（月刊，后转由新华社主办），具体负责人是吴文焘，用英、德、俄、法文撰写，从第 5 期起改为纯英文刊物，主要报道八路军、新四军的抗日战绩。每期印好后，带到重庆，由八路军驻渝办事处散发给外国记者，一部分寄到香港由“保盟”对外转发。太平洋战争爆发后停刊。这

① 复旦大学新闻系研究室编：《邹韬奋年谱》，复旦大学出版社 1982 年版，第 134 页。

些刊物主要以香港、东南亚和西方各国的华侨为宣传对象，使他们能有机会知道中国共产党的方针政策。其中的一些刊物还倒流回大陆，使那些动摇不定的人们产生了新的希望。

太平洋战争爆发后，流亡海外的报人和其他一些文化人士又相继返回大陆。中国共产党人利用一切机会打入一些对外宣传机构中。如设在重庆的美国新闻处总处和桂林分处就曾有一批中共党员任职。桂林分处负责人为中共地下党员田价人。1942 年初，刘尊棋从新加坡回国，经周恩来批准到美国新闻处任中文部主任。在他的安排下，一批中共党员和进步分子也参加了该处的工作，其中有金仲华、刘思慕、于友、孙承佩等。美新处的中文部、译报部实际上就掌握在中共手里。中文部最初以翻译来自美国的通讯、特写、评论为主，向全国各地发出专稿，不久又通过美国记者把中国的战况特别是中共领导的抗日根据地的建设，八路军、新四军的战绩向外宣传。译报部主任为金仲华，其主要工作是每天从国统区出版的报纸上摘译一些新闻、言论，供美国决策机关、报纸编辑人员参考。国民党对国内报纸可以横加干涉，实行新闻封锁，但对美新处却束手无策。中共党员利用这一缺口，打破了国民党对外宣传的垄断。

在中共领导的抗日根据地，陕甘宁边区文委国际宣传委员会 1941 年 3 月创办了国际报道社。社长萧三，成员有马海德、巴素华、阿里阿罕、毕道文、陈庶等。《解放日报》1942 年 5 月 1 日曾报道：边区文委国际宣传委员会与国际报道社昨开会，“决议与国际反法西斯的盟友们，取得密切的联系，继续出版国际报道外文刊，以不定期方式往外发，文章内容力求精粹，不求分量，务使全世界都知道我各根据地党政军民的态度，与英勇抗战的事迹”。

1944 年，随着中外记者团访问延安，中共对外新闻宣传又打开了一个新的局面。从1939年秋国民党当局在陕甘宁边区围筑封锁线至1944年，没有一个外国记者能够获得国民政府的允许到边区参观采访。经过外国记者的努力争取，蒋介石终于在1944年初批准美英等国记者赴延安采访。3月4日，重庆八路军办事处致电延安，详细报告了有关情况。3月9日，周恩来亲自致电董必武转外国记者团说："我受毛泽东、朱德两同志及中共中央委托，特电你们表示热烈欢迎。"① 4月30日，毛泽东又特地致电董必武，请他转告外国记者："诸位来延，甚表欢迎。"

▲1944年毛泽东（前排左四）在延安会见中外记者团

此时，周恩来早已将接待工作安排布置好了。他曾召集有关单位的负责同志和干部，向他们介绍记者团的情况及其采访

① 周恩来：《欢迎来延安参观——致董必武转外国记者团》，载《周恩来书信选集》，中央文献出版社1988年版，第232页。

目的，并详细讲述了接待记者团的方针、政策，指示：“各有关单位必须由主要负责同志亲自出面接待。既要准备好全面介绍本部门的材料，主动介绍实际工作情况，又要准备解答他们临时提出的问题，属于本部门本单位业务范围内的问题，必须明确负责地解答，不要敷衍。属于别的业务机关的问题，可请他们向别的直接负责单位提出要求。中国记者中的个别顽固分子，也可能提出一些故意刁难或挑衅性的问题，大家可以自己预先设想一下，以备解答或回击。”①

为了做好接待工作，周恩来、杨尚昆还向各机关借调了一批优秀干部和翻译人员到交际处。周恩来在交际处的全体干部大会上作了具体指示，指出，交际处的根本任务就是“宣传出去，争取过来”，即把党的方针、政策和解放区党、政、军、民、学各条战线的实际成绩宣传出去，还要以诚恳、坦白、交往的精神与记者们交朋友，并着重指出：“宣传工作，要实事求是，介绍我们的成绩，也要说明我们工作中有错误、有缺点，说明我们有克服错误、缺点的办法，切不可虚张浮夸，更不可弄虚作假……交朋友要站稳自己的立场，以诚待人，在公开讲明我们自己观点的同时，也要听取别人的观点，互相交流，才能澄清分歧，争取尽可能地取得一致。要善于求同存异……这样，我们交的朋友就会更广泛、更深入。”② 并要求在生活待遇上对中外记者要一视同仁，但工作重点应放在外国记者身上，外国记者中又要更加重视对斯坦因、福尔曼等人的工作。按照战时各国新闻通讯发布的惯例，中共决定安排专人

---

① 转引自金城：《忆中外记者参观团访问延安》，载《中共党史资料》第 27 辑，第 73—74 页。

② 转引自金城：《忆中外记者参观团访问延安》，载《中共党史资料》第 27 辑，第 74—75 页。

对记者新闻稿予以适当的检查。

记者团于1944年5月31日踏进边区，6月9日到达延安。国民党散布的关于八路军的一切不实之词被记者们亲眼目睹的事实推翻了。抵达延安的第三天，爱泼斯坦在他的通讯中写道："无可置疑的是，这些五年来被外部世界认为神秘莫测的部队是抗日战争中优良的、有价值的盟友，给予他们支持——如同给予南斯拉夫解放军支持那样——将会极大地加速胜利的到来。"① 边区的真情实况和蓬勃向上的氛围，就连对中共素有偏见的夏南汗神甫也深为感动。后来，他还在《益世报》上撰文批评国民党御用记者的那些歪曲事实的报道。

在延安，中外记者们受到了毛泽东、朱德、叶剑英等中共领导人的接见，并接受了采访。他们发出了大量有利于中共的报道。"看到中外记者终于来到延安，毛主席很兴奋，觉得总算是打开了局面。"② 毛泽东与一些外国记者进行了深入的个别交谈，并根据他们每个人的不同情况有针对性地谈论了一些问题。如对普金科，毛泽东谈了中共的组织与发展，中共在抗战胜利后将要采取的方针路线及中国革命的前途等；对斯坦因，他阐述了中国共产党的外交方针，主张中国与美苏都保持友谊的关系；对福尔曼，他介绍了边区的土地政策，"三三制"等，使这些外国记者对中共的政策有了更为深入的认识。

8月20日，外国记者们又赴晋绥抗日根据地采访，直到

① 伊斯雷尔·爱泼斯坦著，张扬等译：《突破封锁访延安》，人民日报出版社1995年版，第22页。

② 胡乔木：《胡乔木回忆毛泽东》，人民出版社1994年版，第333页。

10 月份才陆续返回重庆。其间，美国记者白修德、爱金生又获准先后来到了延安。美军观察组也于 7 月下旬到达延安。

中共将外国记者团和美军观察组的到来看作对外宣传的一次重要良机，也是在国际间开展统一战线工作和外交工作的机会，明确表示："文化宣传上，我们欢迎与盟国文化合作，欢迎盟国通讯社或其政府新闻处在延安设立分社，或派遣特约通讯员及记者来延，并给以至各地访问之便利，通讯的电信，政府在原则上不放弃检查权，但在实际执行时，凡非泄露军机造谣生事破坏政府者，我们概予放行，不予检扣，以示与国民党区别。"① 这些做法更增加了外国记者们对中共的好感。

据国宣处统计，福尔曼、爱泼斯坦、斯坦因在延安拍发电讯达 100 多篇，大量报道了他们在陕甘宁边区的所见所闻，其中有关于游击战的统一战线、日本工农学校以及国民党军队的"曲线救国"等内容。文章对中共领导的抗日武装力量在抗战中的作用与地位给予了充分的肯定，并对国民党的反共"摩擦"予以批评。虽然这些稿件大多被国民党中央宣传部删节或扣压，但毕竟使国民党企图对陕甘宁边区的新闻封锁遭到失败。虽然蒋介石于 9 月 23 日恼怒地下令今后一律不准外国记者去延安了，但国民党想要永远一手遮天，已经困难了。

延安新华广播电台英文广播部几乎与此同时宣告成立。无线电波越过重重阻碍把延安的声音传播到了世界各地。

中国共产党人不但在可能的条件下尽一切力量创办报刊对外宣传，而且还充分利用外国新闻机构和新闻记者进行宣传报

① 《中共中央文件选集》第 14 册，中共中央党校出版社 1991 年版，第 316 页。

道，彻底打破了国民党的新闻封锁，并有力地配合了党的军事斗争、政治斗争和外交活动，为党的革命事业和抗日斗争作出了应有的贡献。

▲福尔曼和朱德

文化抗战的花蕾
——少儿艺术团

在中国抗日战争文化抗战的史册上，少年儿童艺术团体是不可忽视的一页。儿童们跟随着革命的父兄，在战火里熏陶，在斗争中成长，为祖国的独立解放和民族的自强奔走呼号，他们经历了光辉的战斗历程，为中国革命谱写了熠熠闪光的篇章。

◎ 孩子剧团

1937 年 7 月 7 日，卢沟桥事变爆发，中国进入了全民族抗战时期。在中国共产党倡导的抗日民族统一战线的旗帜下，以国共两党合作为基础，全国的一切爱国力量，包括广大少年儿童在内，都积极投入了抗日救亡运动。8 月 13 日，侵华日军发动八一三事变，疯狂进攻上海。闸北、沪东一带炮火连天，许多学校被炸毁，大批学生流离失所，无家可归，只好逃入租界，住在难民收容所里。他们虽然陷入困境，但并没有悲观消极。孩子们恨死了日本鬼子和汉奸，不愿意当小亡国奴，也不甘心在难民收容所里吃闲饭。所以，战区的孩子们在收容所里自己办起了难童识字班，从此，难民所里有了琅琅的读书声和为抗战呐喊的歌声。学生会主席许立明、孩子歌咏队队长张莺、小先生总校校长奚里德、学生会秘书傅承漠（陈模），以及小先生张宗元、曹大庆、郭宝祥等十余人，聚集在难民收容所里办起了《大家看》壁报，教难童识字，唱歌。他们在难民中宣传团结抗日的道理，还为难民写家信。男同学每天早上去卖报，赚点钱好买纸、笔、本子，大家干得都非常起劲。原上海临青学校歌咏队的一些中小学生，主动团结收容所里的其他难童，唱救亡歌曲，自习文化，参加抗日救亡活动。在教室里办壁报、写日记，孩子们坐在地上、伏在椅子上认真读书写字，这些都是最常见到的。孩子们说："抗日战争爆发了，我们不能上前线去同鬼子拼，但我们爱演剧、爱唱歌，我们只有以我们所有的力量，团结起来，为国家服务，为民族尽力！"

国难教育社（1936 年由"教联"改组而成）党组织得知此情况，便指示年仅 19 岁的共产党员吴新稼去把他们组织起来，更好地进行培养。不久，吴新稼老师来看望孩子们，并把孩子们的情况向国难教育社党组织负责人王洞若等汇报。王洞若听了非常高兴，说："这些孩子很可爱，要好好培养，可以把他们进一步组织起来。"此后，吴新稼同志每天到难民收容所里，给孩子们讲抗战形势，帮他们练歌，又找来一批难童，排练了《火线上》《捉汉奸》《打回老家去》三个街头剧。吴雪同志给他们导演了《放下你的鞭子》。他们给本所难胞演出了全部节目，受到难民同胞的热烈欢迎。初战的胜利，鼓舞了大家的斗志，他们要求到所外去演，吴老师说："到所外去演，剧团应该有个名字呀！"有个同学说："我们都是小孩子，就叫孩子剧团吧！"三十几个孩子一齐鼓掌表示赞成。就这样，1937 年 9 月 3 日，孩子剧团在恩派亚大戏院（即后来的嵩山电影院，位于今淮海中路 85 号）正式成立，隶属上海文化界救亡协会。在成立会上，通过了孩子剧团宣言、团歌和公约，吴新稼被孩子们推选为干事长。

▲孩子剧团

当时环境非常艰苦，孩子们又从未受过专门的艺术训练，文化水平低，表演能力差，要排一出戏真是困难重重。然而，孩子们在党组织的帮助下，闯过了各种难关。他们没有导演，就去请戏剧界的前辈来指导；没有道具，就发动大家四处借，借不到就自己动手用土法制作；没有羊毛做假胡子，就用毛笔蘸墨汁画上两道黑线；没有油彩，就用微湿的红纸往脸上抹，终于在极简陋的条件下把戏排了出来。孩子剧团经常前往工厂、学校、里弄、菜市场和路旁空地，成功地演出《放下你的鞭子》《仁丹胡子》和《捉汉奸》等五出街头剧。有一天，孩子剧团在八仙桥附近演出《捉汉奸》，由于孩子们的表演生动逼真，当高喊“他是汉奸”时，周围的观众愤怒地围上来猛打那“汉奸”，一个小演员连忙跳上长凳喊：“同胞们，别打了，我们这是在演戏”，那“汉奸”虽然鼻青脸肿，却没有掉眼泪，反而笑着说：“大家痛恨汉奸真好！真好！”在短短两个多月里，孩子剧团的演出给上海市民留下了很深的印象。

▲孩子剧团的成员在艰苦的环境中不忘学习

1937 年 10 月以后，日寇占领闸北、大场、嘉定、真如，逐渐包围了上海。孩子剧团在市文协的领导下，积极地投入保卫大上海的斗争。11 月 12 日，国民党军队从东线撤退，上海成了“孤岛”。日寇、敌特和汉奸，在市里四处搜捕抗日积极分子，孩子剧团的干事长吴新稼，也成了他们追捕的对象。当时比较暴露的地下党员，大都准备撤退到延安或江南抗日游击区去。王洞若要吴新稼也作撤退准备。孩子剧团只好解散了。可是团员们不愿意解散，愿意一起做抗日救亡工作。地下党同志研究，认为这些孩子政治觉悟高，能吃苦耐劳，有培养前途，放弃不管是可惜的；让他们留在上海，就会遭到日寇、汉奸的迫害，最后决定把他们带到内地去。王洞若从团员中挑选了 19 人，加上进步教育家陶行知先生创办的山海工学团介绍来的 3 人共 22 人（最小的八九岁、最大的 19 岁），坐英商轮到南通，再取道镇江、南京去武汉。地下党给他们筹足了 300 多元的路费。

▲孩子剧团演出

当时，停泊在吴淞口的敌舰，对上海进出的船只搜查很严。孩子剧团分成五批，化装成难民，或者是假装成别人的子女，从 11 月 18 日起，乘英轮离开上海，到天生港去集合。南通的群众和东北军看了孩子剧团的戏很受感动。有位中年东北军官冲上台，把 8 岁的团员抱在怀里，热泪满面地对士兵们说："谁无父母，谁无妻子儿女？看了这群受鬼子欺负、无家可归的孩子，谁不难过啊！……鬼子占了咱们的东三省、华北，如今又打到眼前来了，咱们和他们拼啊！""打回老家去！""打倒日本帝国主义！"全场爆发出惊天动地的口号声。

就在演出过程中，长江南岸国民党军队节节败退，从南通到南京的江轮已经停航。他们只好改坐木船，由南通溯运河北上，取道泰州到达扬州。想不到到达扬州后，日寇已进攻南京。他们只好徒步行军向北绕行。这时正是隆冬，寒风刺骨，又下了大雪，大家毫不畏惧，背着行李，迎着朔风，顽强地前进。经过高邮、宝应、淮阴，到达邳县，再坐闷罐子车到徐州，又转郑州。在郑州休整，治病，又公演了三天，于1938年1月10日到达武汉。一路上，他们不断因地制宜举行公演，积极宣传抗日，受到了部队和群众的热烈欢迎。有个东北军的长官看了演出，感叹道："你们两三天的工作，比我们几个月的成绩还好！"

▲1938年2月，邓颖超、张月霞与剧团成员合影。

由于路途中的饥寒劳累，团员们大多消瘦了，身上长了疥疮，衣服爬上了虱子，有的病倒了。从上海带出的旅费用光了，吃饭也成了问题。这天，有位慈祥的妈妈，来到孩子们的住处培心小学。她微笑着对孩子们说："我叫邓颖超，周恩来同志让我代表他和八路军办事处的同志们，来看望大家！”小团员们都兴奋地把她围起来，亲热地叫她邓妈妈。

邓妈妈抚摸着几个团员的额头，问他们一路上的情形。她看望了剧团的小病号，嘱咐他们好好治病，还告诉他们消灭疥疮、虱子的方法。邓妈妈夸他们年纪小、志气大，还给孩子们讲红军长征的故事，说：“如果你们乐意，我介绍八路军武汉办事处几位小红军和大家见面好不好？”“好！好！”小团员们高兴地手都拍红了，连连点头。

过了几天，邓妈妈又来看大家，带来60多元钱。她说：“这是八路军办事处的同志们捐助你们的。”当时，办事处的同志们生活也很艰苦，这些钱是从他们很少的零花钱中拿出来的，其中有周恩来的，有董必武的，叶剑英、博古、邓颖超的，也有红小鬼——小八路的零用钱。孩子们接过这些钱，感动得流下了眼泪。

1938年2月8日下午，周恩来派他的警卫员吴志坚来接孩子剧团的全体团员和长征小战士们一起到八路军办事处去开欢迎会，大家心里乐开了花。在八路军办事处，孩子们看到了贴在墙上的许多欢迎标语，见到了周恩来副主席和叶剑英、博古、叶挺、郭沫若等同志，大家兴奋地不停鼓掌。周恩来问了剧团的成立和到武汉的经过，又要孩子们讲了讲自己的经历。长征小战士们表演了在江西中央革命根据地和长征中跳过的舞蹈。孩子剧团唱了自己的团歌：“看我们一群小光棍，看我们一群小主人，我们生长在苦难里，我们生长在炮火下……孩子们站起来，站起来，在抗战的大时代，创造出我们的新世界！”当孩子们请周恩来讲话时，他站起来面对小战士们说：“你们参加了长征，是经过了二万五千里长征的。可是你们是和我们这些大人一道跑过来的，是我们这些大人保护着你们，抱着你们过来的。可是他们呢？他们一个大人也没有，他们是完全靠自己团结起来，在敌人的炮火下，在汉奸流氓的迫害下，跑了几千里，来到汉口的，你们要向他们学习哟!”周恩来高度赞扬了孩子剧团不怕困难、顽强奋斗的精神，并在最后说：“我送你们‘救国、革命、创造’三种精神好吗？你们要一手打倒帝国主义，一手创造新中国。”孩子们热烈鼓掌，雀跃欢呼：“好！好!”周伯伯的亲切教诲，像在每个人的心里点燃了一把火，照亮了孩子们漫长的人生道路。周副主席和党组织的关怀，给了孩子剧团的孩子们无穷无尽的力量。他们在汉口青年会举行公演，其中有新编的《帮助咱们的游击队》《街头》等儿童剧。还到工厂、学校、保育院去演出，受到群众的热烈欢迎。许多小朋友来入团，孩子剧团的队伍一天天地壮大了。

▲周恩来（前排右七）、郭沫若（前排右八）与孩子剧团部分成员在武汉大学合影

1938 年 1 月，国民政府军事委员会政治部成立。根据国共两党协议，周恩来担任国民政府军委会政治部副部长，郭沫若担任第三厅厅长。孩子剧团在党组织的安排下，正式编入军委

会政治部第三厅。在厅长郭沫若的直接领导下，孩子剧团到衡阳、长沙、桂林和四川各地开展抗日救亡宣传工作，先后演出过《孩子血》、《这怎么办》、《孩子们站起来》、《不愿做奴隶的孩子们》、《为了大家》、《打鬼子去》、《复仇》、《乐园进行曲》和《猴儿大王》等。

当时，有不少文化名人也热忱关心孩子剧团，如冼星海曾来教歌，让大家学唱《游击军》《在太行山上》等；茅盾则怀着深情写了一篇《记“孩子剧团”》，其中谈道：“他们来自不同的家庭，不同的省区。他们原来在上海时，只有22位，但是从失陷后的上海偷走南通，又历尽千辛万苦，迂回陇海、平汉两线而到了汉口，非但原班一个不缺，反倒增加了三位……”

这些情况，引起了国民党反动派的忌恨。他们派人来盘问孩子们是怎样到八路军办事处去的。还说以后办事处来了人，要去报告。还策划将孩子剧团送进鄂西的难童教养院。接着，国民党武汉市党部指令将他们编入宣传大队，经费、吃住都有着落，还说，宿舍已经准备好了。

孩子剧团面临着生死存亡的关头，团员们都急得不得了，吴新稼赶到八路军办事处去报告。周恩来不在，邓颖超同志一听，情况紧急，忙把博古、叶挺等同志请来一边商量，一边等周恩来同志回来决定。直到夜里11点多钟，周恩来回来了。他仔细听了汇报，坚毅地说：“坚决抵制合编！明天早上在他们派车来接之前，你们天不亮就乘第一班船，到石灰窑矿区去。问到你们，就说给工人演戏，来不及辞行了。到那里工作一段时间后，你们就派人回武汉，我们再决定下一步的行动。”孩子们听从周恩来的指示，后半夜3点多钟，就起床打好背包，悄悄地走出培心小学。在昏暗的街灯下，穿过大街小巷，来到江岸码头，坐上6点钟的小货轮，驶离了武汉。

1939 年的春天，孩子剧团来到当时的战时陪都——重庆。他们在重庆举办公演、儿童歌咏大会及儿童节等活动之后，根据周恩来指示，到中小城镇和农村去，给农民、工人演戏，向工农群众学习。当时，团员已发展到 60 多人，分成两个小队，用两年的时间，把川东、川南、川西、川北各县走一遍；并留下一个小工作队，坚持在重庆工作。

1940 年 8 月，剧团的两个队结束了四川各县的巡回演出工作，回到重庆市郊赖家桥的金家院子。一个月明的晚上，周恩来和邓颖超来看望他们。听孩子们汇报说，在各县除了演一些老戏，还搜集材料，编演了一些新戏，学会用当地人民喜闻乐见的打金钱板、耍连箫、唱山歌等形式演唱，还帮助当地少年儿童组织抗日团体。邓颖超非常高兴地说："看见你们很高兴，你们现在长大了，比以前有了很大的进步，不仅各方面有了提高，也比以前成熟多了……" 周恩来以关怀和鞭策的口气说："可是《流浪儿》唱得不如以前动人啰，还得努力呀！" 他勉励孩子们在艰苦的环境里，要好好锻炼自己，一面做抗日宣传工作，还要挤点时间学点文化，读点书。他告诫大家年龄大点的团员，不要过早地谈恋爱，要把精力集中到工作和学习上面来。

国民党反动派发动第一次反共高潮以后，对郭沫若领导的第三厅的工作，百般刁难阻挠。1940 年下半年，国民党军委会政治部以改组三厅为名，撤换了郭沫若厅长的职务，孩子剧团再也不能在郭沫若的直接领导和保护下，从事抗日救亡工作了。大家心事重重，为团体的前途担忧。有一天，周恩来来看望三厅的同志，一个团员问道："周伯伯，第三厅改组了，郭先生不当厅长了，我们怎么办，谁管我们呢？" 周恩来以深情和爱抚的目光看看每一个人，说："孩子们，怎么没人管你们呢？郭先生即使离开你们了，我相信，他心里会时常想着你们的。没人管你们，我们来管，没人要，我们要!”这些简短、亲切、充满深情的话，像一股热流，温暖着每个人的心。

1941 年 1 月，国民党反动派发动了震惊中外的皖南事变，掀起了第二次反共高潮。改组以后的第三厅，想方设法破坏、打击孩子剧团。他们说孩子剧团是“小共产党”，竭力要把剧团调出第三厅，与重庆卫戍司令部政治部抗敌剧团合并，还强迫全体团员参加三青团，接受国民党的党化教育。孩子剧团又一次处于生死存亡的关头。团长林犁田躲过国民党特务的耳目，悄悄地来到重庆曾家岩 50 号周公馆。他向邓颖超汇报了国民党的新诡计，邓颖超传达了周恩来的指示。林犁田回团以后，立刻带了一个年龄较小的团员代表，去见军事委员会政治部部长张治中，表明这 60 多个孩子的心愿和“拒不从命”的态度。又去找一向同情爱护孩子剧团的冯玉祥将军，请他向张治中“说情”，还采取各种巧妙的办法争取社会舆论的同情，迫使国民党军委会政治部不得不三次收回命令。

1941 年以后，原来三厅的人大部分又转移到政治部的文化工作委员会来。孩子剧团的党支部，仍然受地下党特别支部书记冯乃超领导，按照周恩来和中共南方局的指示，积极宣传中国共产党的“坚持抗战，反对投降；坚持团结，反对分裂；坚持进步，反对倒退”的方针。1941 年的春天，孩子剧团在重庆公演了三幕五场的儿童剧《乐园进行曲》，12 月又上演了童话趣剧《秃秃大王》（根据张天翼童话《秃秃大王》改编）。该剧揭露秃秃大王昏庸愚昧及其反动的独裁统治，歌颂白发公公召唤小猴、小兔等森林中的伙伴不要上当受骗，团结起来赶走魔王的故事。公演的第一天，就遭到禁演，被认为有影射蒋介石的嫌疑，无奈只好给观众退票，后来被迫改为《猴儿大王》才勉强得以公演，但剧中的主题思想并没有改变，演出后受到广大观众的好评和赞赏。这两出戏，都是由老戏剧家石凌鹤担任导演，舞蹈家吴晓邦等担任歌舞指导。这两个大型儿童剧，不仅在内容上反映了人民群众对抗战、民主的要求，揭露了汉奸、独裁者投降与分裂的丑恶嘴脸，在儿童戏剧艺术上，也有一定的创造，达到了新的水平，赢得了重庆戏剧界、新闻界和青少年的称赞。

▲《乐园进行曲》剧照

1942 年以后，国民党加紧了对孩子剧团的控制。这年 9 月，国民党的军委会政治部，以“改组”为名，撤换了团长和队长等领导骨干，派了三青团的骨干分子和国民党中央政治学校的教官，来接管剧团，强行改变孩子剧团作为抗日儿童戏剧团体的性质，彻底扼杀了这个孩子团体。

从 1937 年成立到 1942 年被国民党改组而结束其历史使命，五年间，孩子剧团辗转约两万里，在江苏、河南、湖北、湖南、广西、贵州、四川七个省做过宣传工作，演出 300 余次，共演出过 20 多个戏剧。茅盾当年曾赞誉：“孩子剧团是抗日战争血泊中产生的一朵奇花。”孩子剧团成员人小志大，不畏艰险，活跃于城镇乡村，为宣传抗日救亡作出了积极的贡献。在抗战烽火中，孩子剧团不仅以精彩表演激励前线将士的斗志和广大民众的救国热情，而且还培养出了一大批优秀的革命文艺人才。

◎ 新安旅行团

在20世纪30年代，淮安县新安小学的14名学生，为了宣传抗日救亡，从淮安出发，开始了他们修学旅行，足迹遍及全国22个省市，行程5万里，为民族解放事业作出了卓越贡献，这就是著名的少年儿童革命团体——新安旅行团，陶行知称赞他们为“一群小好汉”。他们的光辉业绩，在中国少年儿童革命史上写下了不朽的篇章。

新安旅行团诞生于淮安县新安小学。新安小学是伟大的人民教育家陶行知先生创办的晓庄师范学校的一个实验基地，成立于1929年6月6日，陶行知兼任校长，校务由共产党员李友梅等人主持。学校实践陶行知先生的“生活即教育，社会即学校”的教育理论，免费接收当地贫苦农民、渔民、城镇居民的子弟入学，培养学生具有“健康的体魄，生产的技能，艺术的兴趣，征服自然的本领，改造社会的精神”。1930年学校被国民党反动派封锁，陶先生遭到通缉，新安小学校长一职由汪达之接替。

1933年10月，汪达之将七名学生组成新安儿童旅行团，到上海、镇江修学旅行，用演讲、卖报纸的办法自筹经费，由学生自己管理自己。他们参观工厂，访问棚户区，了解平民生活状况和资本家剥削工人的情况，了解帝国主义侵略中国和压迫中国人民的行径，目睹了日寇侵华的罪行。新安儿童旅行团的行动，引起了当时教育界的关注，成为教育史上的空前创举。陶行知为此赋诗："一群小光棍，点点有七根，小的十二岁，大的未结婚，没有父母带，先生也不在，谁说孩子小，划分新时代。"

▲"七个小好汉"

54天的"旅行"让孩子们深受教育，更让汪达之发现，应该让更多的孩子走出校门，在民族解放斗争的大风大浪中经受教育和锻炼。"新安旅行团"的计划于是开始了长达两年的酝酿和筹备。而这一切，都源于教育家陶行知先生所提出的"社会即学校，生活即教育"。陶行知先生不但热情支持新安儿童旅行团，更给汪达之写信说："儿童旅行团，大家都欢喜。我以小工人之礼待之……你要我估一估儿童旅行团的价值，这是新时代的无价宝，姑且定它万万万万万金元吧。这样伟大的宝藏，世界上谁也没有，却为新安所得……"

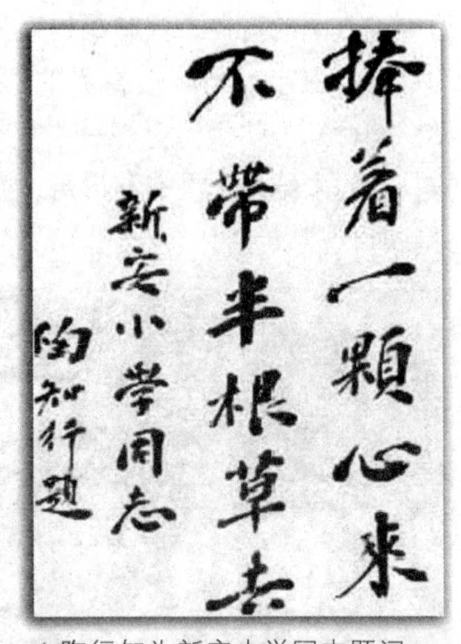

▲陶行知为新安小学同志题词

1935年，在国难日益深重的时期，在中国共产党“停止内战，一致抗日”的号召下，全国的抗日救亡运动正在兴起。就在这样的历史背景下，汪达之将新安小学的14名学生又组成新安旅行团，到全国各地修学旅行，宣传孙中山思想，唤起民众共赴国难，抗日救亡。这一年的10月10日，这些身穿白色衬衣，蓝色工装裤，肩背挎包，脚穿草鞋的新安旅行团员们，乘坐淮安西门外的运河小轮船，从淮安出发。出发时，团员每人只有一身单衣，一双草鞋，一把雨伞及简单行装，全团仅有陶行知先生捐助的50元钱和一套电影放映设备、几部黑白无声抗日影片和几十张抗日救亡歌曲的唱片。他们一面宣传抗日救亡，一面学习，踏上了前程未知的路，走向了民族解放的战场。

新安旅行团从诞生开始，就处于与国民党反动派尖锐的矛盾和斗争之中，并且一直在艰辛险恶的环境中奋战。当时国民党顽固派的冷漠让新安旅行团在到达的第一站就碰了壁。新安旅行团到达南京去拜访市长马超俊，希望能得到政府的支持，让孩子们到全国去唤起民众共赴国难，抗战救国时，得到的答复却是：“蒋委员长早已安排好了，‘先安内，后攘外’。现在国内匪乱未平，要打日本，三天就亡国。你们小孩什么也不懂。你们都给我回去，马上回去。”但类似这样的无理拒绝并未让孩子们退缩，他们在物质上节衣缩食、自给自足，辗转四方极力宣扬抗日主张，影响力与日俱增，渐渐得到了许多进步人士的支持。

新安旅行团出发后，先在苏、皖、沪、浙一带向民众宣讲国难，揭露日寇罪恶阴谋，进行抗日救国宣传，接着又北上劳军，赴绥远慰问在长城一线奋起反击日军的爱国将士。卢沟桥事变爆发时，新安旅行团正在赴宁夏的旅途中。这群孩子立即向回族同胞宣传中国共产党的主张，宣讲抗战形势，组织当地中小学生演唱抗战歌曲。这些活动在当时落后闭塞的塞北荒原产生了很大的影响，《新华日报》也曾高度赞扬新旅“推进了西北救亡工作，加强了蒙汉各民族间的团结”。

1938 年 5 月下旬，新安旅行团结束在兰州的旅程到达西安。党支部遵照八路军西安办事处代表林伯渠的指示，率全体团员于 6 月底经郑州到达抗战首府武汉，立即投入了保卫大武汉的宣传、组织工作。当时有文章写道：“新旅从淮安出发以来，用歌咏唤醒了千百万民众，提高了士兵的杀敌勇气；用电影开阔了偏僻地区人民的眼界，使他们受到科学文化的洗礼。团员们到处开展儿童救亡运动，在斗争中锻炼成坚强勇敢的小战士。”

1938 年 7 月 28 日，《新华日报》发表《新安旅行团访问记》，报道新旅一个月来在武汉市区和附近农村、乡镇、工厂、难民中学开展工作的情况。高度赞扬了新安旅行团的献身救国精神，号召全国同胞向他们学习。陶行知还为他们赋诗一首：“人从武汉散，他在武汉干。一群小好汉，保卫大武汉。”

1938 年 11 月 12 日，旅行团员们离开长沙，经衡阳取道湘桂铁路到达广西桂林。团员们配合桂林生活教育社在七星岩开展“岩洞教育”，动员、组织桂林各界民众参加抗日救亡工作。其间，招收了一批新团员，团体发展到近百人，分别建立了以西南各省为活动范围的西南工作队和以桂林为中心的乡村工作队、伤兵之友队、东郊工作队、西郊工作队、良丰工作队，以及在贵州工作的贵阳工作队等，并向东南前线浙东地区和台湾义勇队少年团、朝鲜义勇队少年团、湖南衡阳地区等派出了工作人员。

▲新安旅行团在排练节目（1944 年张爱萍摄）

1941 年 1 月，皖南事变后，桂林的许多抗日救亡团体遭到国民党特务的严重摧残，大批进步人士被迫向香港和敌后抗日根据地转移。2 月，新安旅行团在八路军桂林办事处帮助下，开始分批从桂林经香港，最终到达苏北解放区。

新安旅行团到达解放区后，以忘我的精神投身到抗日斗争中来。他们高唱着“同学们，别忘了……我们的家破产了。同胞们，别睡觉，把一切民族敌人都打倒，都打倒！……”的团歌（田汉作词，张曙作曲），深入到乡村集镇，宣传抗日救国的道理。

1942 年春，新安旅行团响应新四军代军长陈毅“组织十万儿童参加抗战”的号召，组成若干工作队，深入盐阜区管辖的各县、区组织儿童团、少先队，开展各种形式的抗战活动。在团员的组织下，盐阜区的活动蓬蓬勃勃地开展起来了，广大儿童团员积极参加各种社会宣传活动，他们配合党的中心政治任务，组织各种宣传队，运用各种形式进行抗日宣传。小团员们配合人民子弟兵和地方民兵站岗放哨，盘查行人，送信带路，护理伤病员，主动帮助洗衣服、喂饭，鼓励伤员早日治好伤病重返前线，还把参加生产作为自己的重要一课。新安旅行团用了两年的时间，组织起盐阜区十七八万儿童参加抗日斗争，超额完成了陈毅交给他们的任务。

在紧张的工作之余，新安旅行团的团员们始终坚持刻苦学习。他们利用作战、行军和工作的间隙，背包作凳子，膝盖当桌子，一有空就坐下来读书做笔记，在革命斗争中提高自己。在这个战斗的集体里，团员们过着充分的民主生活，又有严格的纪律。没有房子住，自己搭草棚子住；没有粮食，靠吃胡萝卜、盐蒿子度日。新安旅行团确实称得上是一个团结、紧张、严肃、活泼的战斗集体。

为了检阅儿童工作的成绩，1945 年 5 月，苏北根据地盐阜区召开了第一次少年儿童代表大会，九县一市的代表 400 多人代表着全区十几万名有组织的儿童欢聚一堂，总结成绩，交流经验。这次大会以后，在总团部的领导下，全盐阜区儿童团的发展进入了一个新阶段。每个县市都建立了儿童团团部，发展儿童团员近 18 万人。

▲新安旅行团的小团员们

1945 年 8 月 15 日，日本帝国主义宣布无条件投降，新安旅行团和全国人民终于迎来了抗日战争胜利的日子。9 月 20 日，在解放淮安县城的战斗中，新安旅行团的团员们身背宣传品，冲进街巷，为杀敌的战士鼓劲助威，向垂死挣扎的敌人喊话劝降。战斗告捷，他们就在城内大街小巷贴标语，画壁画，进行街头演出，向群众宣传党的政策。淮安城解放了，新安旅行团终于回到了离别十年的故乡。家乡人民高兴地看到了十年前离开家乡出去抗日宣传的孩子们，在经过抗日烽火的锤炼后，胜利地归来了。

抗战胜利后，新安旅行团的同志们，写信向毛主席汇报这些年来的工作，毛泽东同志对他们的工作给予了高度的赞扬，并亲笔给他们复信，鼓励他们“努力工作，继续前进，争取民主中国的胜利”。

▲1945 年 10 月，新安旅行团成立十周年在淮安合影。

新安旅行团谱写了少年儿童入世修学的一个时代传奇，从最初的宣传抗日，到参加解放战争，及新中国成立后参加新中国的建设，最终于 1952 年并入上海歌剧院。这十几年辗转全国，更为社会主义中国培养出一大批文艺战线上的杰出人才。

战争的硝烟已然散去，但红色血脉的传承却仍在继续。

◎ 台湾少年团

卢沟桥事变后，全国军民掀起了抗日救亡的高潮。这时期在大陆的广大台胞纷纷酝酿组织抗日团体，以参加祖国的抗战，岛内的不少台湾人也设法冲破日军的围堵，回到大陆参战。台籍革命志士们不仅十分重视自身素质的提高，而且十分重视对台籍少年儿童的培养。在他们看来，无论哪一个国家或民族，之所以能继续存在，并且能够健全而强盛起来，是由于他们有优秀的民族后继者，如果这是世界历史发展所证明的一条真理的话，那么从台湾的情况看，这一任务又更为紧迫。因为日本帝国主义为消灭广大台胞的民族意识以巩固自己的统治，而“麻醉儿童，蒙蔽儿童，使他们只知道日本帝国是世界上唯一的国家，日本天皇是世界上唯一的神圣权威者，效忠大日本帝国是台湾同胞唯一的任务。他们所能认识的是日本文字，所能读的，是日本帝国主义御用学者们所编的一些课本”。[①] 但是，生存于这个时代的台湾少年和儿童，所担负的历史使命又异常繁重——“一方面要求得脱离日本帝国主义统治的台湾独立解放，同时，又要建设新台湾。”[②] 所以，毕业于黄埔军校的李友邦在组织台湾义勇队的同时，又组织了义勇队的下属团队——台湾少年团。在《为什么组织台湾少年团》一文中，李友邦曾这样阐述组织台湾少年团的原因：少年儿童是民族的幼苗，是国家民族的未来和希望；台湾的少年和儿童是台湾革命的继承者和新台湾的建设者；在日本殖民统治下的台湾，少年儿童所接受的是以日语为主的奴化教育，身心被扭曲，回到祖国大陆的台湾少年儿童，由于其本身的特殊性，需要有关台湾革命和建设的特殊课程教育。台湾少年团是适应迁居祖国大陆的台湾少年的要求而组织起来的。如今看来，李友邦将军组织台湾少年团的初衷，就是希望台湾少年儿童以大陆的原野为课堂，以大陆同胞抗战的英勇事迹为课本，培育他们

---

① 李友邦：《为什么组织台湾少年团》，载《台湾先锋》1941 年第 8 期。

② 李友邦：《为什么组织台湾少年团》，载《台湾先锋》1941 年第 8 期。

热爱祖国的情怀，锻炼他们顽强的革命斗志。李友邦组建少年团的目的，是从小培养台湾少年爱国复台的思想，用各种形式广泛动员台湾同胞参加抗日活动，并为台湾光复后建设台湾培养人才。

▲李友邦

1939 年 2 月 22 日，台籍抗日志士李友邦招募福建一带的台胞，在国共两党的支持和帮助下，以集中在福建崇安的台湾人为骨干，在浙江金华酒坊巷 18 号（台湾独立革命党总部）正式成立了台湾少年团，六位台湾少年成为最初的团员。李友邦亲自担任台湾少年团的团长，黄志义、李炜任少年团正副指导员，负责全团的教导工作。台湾少年团全部由未成年的台湾同胞组成。他们中有台湾抗日志士的遗孤，也有台湾义勇队队员未成年的子女和弟妹。到 1940 年底，少年团增加到 60 余人。而到 1943 年，台湾少年团的队伍发展到 117 人。

▲发展壮大的台湾少年团在龙岩合影

为适应祖国抗战和台湾独立革命运动的需要，台湾少年团一方面尽可能为孩子们创造相对良好的学习和生活环境，另一方面又根据实际情况，向他们灌输祖国抗战的道理和台湾革命建设的理论知识，并组织他们参加祖国的抗日活动。[①]

台湾少年团创建之初，生活与学习条件十分艰苦。就学习条件而言，他们没有课本，没有油印机，没有完整的时间和系统的学习内容。简陋的教室中只有几张小桌、小凳，几张小标语和一块二尺左右大的小黑板。尽管这样，人们还是利用各种条件教授小团员们学习算术、语文、写作，讲述台湾史地、风俗习惯、台湾革命事迹、中日关系史以及日本在台的奴化政策、台湾革命理论、三民主义等基本知识。经过初步教育，小

---

① 王晓波：《日据时期的台湾独立革命与李友邦将军》，载《台湾研究集刊》，1990 年第 2—3 合刊。

团员们很快便在浙东地区的抗日救亡宣传中发挥了积极的作用。

▲1939 年 10 月，台湾少年团团员在浙江金华进行操练。

少年团的小团员们利用一切可能的机会用他们稚嫩的嗓音进行抗日宣传，他们还经常组织文艺演出，进行抗日救亡的鼓动宣传。利用形式多样的文艺演出进行宣传活动，是他们主要的也是收效最大的工作方式。1939 年 4 月，在少年团建立不久就进行了公演，他们演出的节目有歌曲《日落西山》《松花江上》《在太行山上》《游击队之歌》《义勇军进行曲》《大刀进行曲》等；多幕歌剧《农村曲》，多幕话剧《杏花春雨江南》，独幕剧《台湾小主人》《反正》《放下你的鞭子》《最后胜利》《灾民泪》《农民舞》《打杀汉奸》《为了大家》《台湾之路》等，这些演出都是以宣传抗日救亡为主，受到各界观众的欢迎。在欢迎南洋侨胞的联欢会上，看完他们的演出后，侨胞代表激动地说：“连这样小小年纪的小同胞们都担负起这样伟大的工作，这是我们大家所敬慕的。”尤其受到前线将士欢迎的是《台湾少年团团歌》，歌中唱道：“台湾是我们的家乡，那儿有人五百万不自由；台湾是我们的家乡，那儿有花千万朵不芬芳。我们戴了枷锁来人间，我们受着麻醉过生活，离了家乡，奔向自由，要把自由带回家乡。我们会痛恨，不曾哭泣，我们要生存，不要灭亡。在压迫下斗争，在斗争里学习，在学习中成长。要造就宇宙般宽的胸襟，要锻炼铁石般硬的心肠，要团结千百万的儿童，要收回我们的家乡，我们得和敌人拼个生死存亡。”这支战歌增进了大陆抗日将士们对台湾的了解，而“台湾小兵”强烈的抗日意识，对祖国收复台湾的渴望，也深深感动着抗日将士们。

▲1941 年，台湾少年团在金华举行联欢会。

台湾少年团除了经常赴抗日前线巡回演出外，还经常赴前线鼓舞抗战士气。台湾少年团成立后，日军正侵占杭州、萧山一带，并不时沿浙赣线南侵，敌我处于拉锯战的状态，浙东地区不断有军队调动。为了鼓舞士气，台湾少年团经常组织小分队深入前线进行动员宣传，并收到了良好的效果。有时，这些十几岁的少年还冒着生命危险到前线，利用自己会讲日语的优势进行喊话，以瓦解敌军。

除此以外，团员们还开展了其他丰富多彩的活动，比如在街头陈列展览前线缴获的战利品，出版自己的刊物《台星》，刷新抗战标语，参加对敌广播等。

台湾少年团，1946 年 2 月被国民党当局解散。李友邦率领这支由台湾同胞组成的少年抗日队伍，为“保卫祖国，收复台湾”在大陆奋战了七年。

结 束 语

文化抗战是中华民族全面抗战的重要组成部分，在战火硝烟中成长的抗战文化是中国文化史上的一朵奇葩，作为世界反法西斯文化的东方成果，充分显示了中华民族文化的强大凝聚力、战斗力和生命力。抗战文化传播了进步文化，激发了民族精神，弘扬了爱国主义，凝聚了全国人民的意志，吹响了中华民族由衰败走向振兴的号角。它是中华儿女用血与火的历史写成的伟大篇章，成为了中华民族最为宝贵的财富和珍贵的文化遗产，世世代代从中汲取不竭的精神力量，启迪当代，警示后世。

抗日战争，给中华民族带来了深重的灾难，也留下了宝贵的精神财富。艰苦卓绝的抗日战争锻炼了中国人民，也培育出伟大的抗战精神。抗战期间，全国各族人民万众一心、众志成城、自强不息，共同谱写了一部传承伟大民族精神和爱国主义的壮丽史诗。抗日战争的胜利是中华民族由衰败走向振兴的重大转折点，为我们党团结带领全国各族人民实现民族独立和人民解放、建立新中国奠定了重要基础。抗战精神也成为中国发展不可或缺的强大动力，激励和教育着一代又一代中华儿女踏上振兴中华民族的奋斗征程。

值此抗战胜利 70 周年之际，我们再次回首那段不平凡的历史，对那段血与火的岁月的一切追忆、对革命烈士的种种哀思、对日本军国主义的万分警醒，都不断地演化为一种自强不息的抗战精神，成为一面引领我们奋进的大旗。

70 年前救亡图存的历史任务虽已完成，中国人民浴血奋战所铸就的爱国主义精神依然是我们这个时代最珍贵的精神财富。今天，我们纪念中国人民抗日战争和世界反法西斯战争的胜利，就是要用抗战精神凝聚民族力量，增强民族的自尊心、自信心和自豪感，就是要更好地珍惜和维护来之不易的和平，就是要从那段悲壮的历史中汲取伟大的精神力量，就是要抓住机遇加快发展，努力推进全面建成小康社会、构建社会主义和谐社会的伟大事业。大力弘扬以爱国主义为核心的民族精神和以改革创新为核心的时代精神，把中国特色社会主义事业不断推向前进，实现中华民族伟大复兴的中国梦。